EDITORES   Renato Cintra Guazzelli e José Carlos de Souza Jr
ILUSTRAÇÃO   João Montanaro
PRODUÇÃO EDITORIAL   Tikinet
PREPARAÇÃO DE TEXTO   Hamilton Fernandes
REVISÃO   Bruna Orkki e Glaiane Quinteiro
CAPA, PROJETO GRÁFICO E DIAGRAMAÇÃO   Aline Maya

CIP-BRASIL. CATALOGAÇÃO-NA-FONTE
SINDICATO NACIONAL DOS EDITORES DE LIVROS

D752e

   Dória, Carlos Alberto, 1950-
     e-Boca Livre / Carlos Alberto Dória ; [organização Carla Castellotti]
   1. ed. - São Paulo: Edições Tapioca, 2015.

   256 p.: il.; 23 cm.

   Inclui índice
   ISBN 9788567362113

   1. Crônica brasileira. 2. Gastronomia. 3. Culinária. I. Título.

15-22705   CDD: 869 .98
                            CDU: 821.134.3 (81)-8

2015
Todos os direitos desta edição reservados à
Pioneira Editorial Ltda.
Av. Rouxinol, 84 - cj. 114
04516-000 São Paulo - Brasil
Tel. 55 (11) 5041-8741
contato@edicoestapioca.com.br
www.edicoestapioca.com.br

Aos amigos que sabem que comida é vínculo

isso aqui
acaso
é lugar
para jogar sombras?

Paulo Leminski

SUMÁRIO

1 Reapresentação 13

2 Crítica da crítica 15

3 Chefs, chefinhos e chefetes. 65

4 Às vezes é da sua conta. 107

5 Ingredientes, receitas e dicas. 133

6 Dando nome aos bois. 167

7 Em pratos limpos 175

8 Cozinha inzoneira 205

9 Uma conversa com Ferran Adrià 245

1 REAPRESENTAÇÃO

Há cinco anos, incentivado pela amiga e escritora Josélia Aguiar, admiti fazer um blog – o e-Boca Livre. Minha principal resistência era essa forma, quase impositiva, de se escrever na primeira pessoa do singular. Por uma razão muito simples: ela dá a falsa impressão de que o autor é testemunha fundamental da história, ou que sua história pessoal é relevante para os leitores. Sempre me pareceu mais confortável escrever a partir de um "nós" do que engendrar uma *ego trip*.

Depois de tanto tempo, e quase 900 posts escritos, acho que me acostumei a lidar com esse "eu literário" que foi adquirindo a forma de um quase personagem (o Cadoria que assina a coletânea). Além disso, já se somam mais de 250 mil visitas – o que seria bastante para um escritor "de papel". Acho bastante, especialmente porque quase não publico receitas, como os principais blogs de culinária, e quase não faço crítica gastronômica propriamente dita. Trata-se da audiência de gente que está atrás de outro tipo de informação.

E foi aí que nasceu a ideia do livro, que é uma coletânea de posts do blog. Embora eles tenham sido escritos quase todos "no calor da hora", como reação a algum estímulo externo (uma notícia, um evento, uma observação direta em restaurantes, a conversa com chefes de cozinha etc.) ou interno (uma *pensata* qualquer, no meio da noite), há coisas que parecem ter um sentido mais permanente e, por isso, estão aqui.

Não foi fácil proceder à escolha dos posts, e, se não contasse com a ajuda de outras pessoas, talvez não chegasse a esse recorte. Vendo agora o conjunto, me parece que ficou bem, como uma coisa nova, pois a ordem dos fatores alterou minha percepção do conjunto. O projeto gráfico e as ilustrações também ajudam bastante a nova percepção do texto. Por isso agradeço a Carla Castellotti e Talita Marques da Costa pela ajuda que prestaram, assim como ao talento de João Montanaro. No mais, o leitor julgue por si.

Carlos Alberto Dória
São Paulo, maio de 2015

2 CRÍTICA DA CRÍTICA

23 VISÕES DA GASTRONOMIA DO FUTURO

Tive um sonho no qual me apareceu *Vate*, um anjo torto, desses com dólmã e asas brancas, Nossa Senhora tatuada num braço e o Espírito Santo no outro. Tivemos longa conversa sobre o futuro da gastronomia, da qual retenho apenas frases soltas, meio sem nexo, mas que reproduzo a seguir por julgar que vaticínios dizem respeito não só aos sonhadores:

A pimenta-biquinho será substituída por enfeites duráveis, que também servirão para as árvores de Natal.

Não haverá mais crosta de gergelim. Nem risoto de quinoa. Mas a papoula voltará às prateleiras.

Os porcos serão comidos por inteiro, inclusive o cérebro, e não só a barriga.

O salmão do Chile estará extinto e a indústria perderá a fórmula do kani. Ceviche será de peixe com limão, nunca de manga.

O hambúrguer gastronômico será bem-feito e barato. E a batata deixará de ser rústica para ser apenas frita.

Não será obrigatório o uso de coisas crocantes no prato. Pepino e rabanete, só em salada; arroz frito, nunca.

O azeite trufado só será usado como lubrificante.

Não haverá mais comidinhas (portanto, nem panelinhas), mas tudo do tamanho justo, conveniente.

Nas mesas haverá apenas pratos, copos e talheres. Nada de ardósia ou outros materiais de revestimento. Pratos.

Os garçons, que recitam pratos, recitarão poemas de Lorca.

Pain perdue voltará a se chamar rabanada, e *levain* voltará a ser fermento.

Artesanato será somente aquilo feito por inteiro pelo artesão, da matéria-prima *in natura* ao produto final.

As frutas da estação variarão a cada estação.

As temperaturas não serão baixas, nem altas. Apenas adequadas. E o cozinheiro poderá guardá-las para si, como um segredo a sete chaves.

Paris não será mais a capital da gastronomia, nem Lima. Nem Barcelona, nem Donostia. Será possível comer bem sem pegar avião.

Os concursos de vinhos às cegas serão às claras, pois o vinho nacional se conformará por ter nascido num país tropical, bonito por natureza.

Como uma carteira de habilitação, os prêmios internacionais terão validade de cinco anos. No intervalo, os cozinheiros poderão simplesmente cozinhar.

As ruas não terão chefes de tipo algum, muito menos "chefs de rua". Os chefs de restaurantes que, vez ou outra, montam barraca nas ruas, serão chamados "chefs visitantes".

Quem não gosta de cachaça não será enxovalhado como traidor da pátria.

As formigas, em vez de comidas, serão combatidas com inseticida biológico. O Brasil acabará com a saúva, e ela não acabará com o Brasil.

DO JABACULÊ AO BUNDALELÊ

A diferença entre o jabaculê e o bundalelê é que o segundo não envolve pagamento e, por outro lado, muito mais gente pode se divertir. O bundalelê é a festa que desborda o limite da festa.

Houve época em que certo crítico gastronômico de um bravo matutino ligava para os restaurantes e avisava: "Vou jantar aí com cinco amigos". E ai de quem não os recebesse! Ia embora, agradecia muito e nenhuma menção de pagar. Depois, saía uma notinha elogiosa na sua coluna. Era uma troca clara, e ele nunca falhava.

CRÍTICA DA CRÍTICA

Era um homem de princípios. Vida dura essa do crítico que precisava sair à caça de cada jantar. Era injusto chamar de jabaculê.

Depois veio a moda das "assessorias de imprensa" que trabalhavam – e como! – para os próprios restaurantes. O assunto começava a transbordar as colunas de crítica gastronômica, que captavam, por telefone, notícias sobre a frequência dos restaurantes. Se não fosse muito notável, levavam convidados, colunáveis que não pagavam e, numa troca nem sempre explícita, aparecia nas colunas sociais: "Fulano de tal jantou um filé monegasque em tal restaurante, junto com Beltrano, enquanto discutiam os destinos da nação".

Essa era difundiu o modelo Chiquinho Scarpa. Egos ficavam inchados, restaurantes cheios. Havia gente que queria ver os chiquinhos em carne e osso! No final do mês, apresentavam ao contratante a centimetragem de notícias que haviam cavado. Havia assessorias muito boas, para mais de metro de notícias.

Depois, ainda na época desse tipo de assessoria, começaram a surgir os próprios restaurantes como personagens, não mais apenas seus frequentadores. O cardápio de verão e o de inverno, como coleções de moda, eram propagados aos quatro cantos pela grande imprensa. Mas as assessorias de imprensa convenciam os donos de restaurantes da necessidade imperiosa de umas bocas-livres. Eram comuns festas de lançamento dos cardápios, como *vernissages*. Era o começo do bundalelê.

Mesmo para constar no guia da *Vejinha* era uma batalha. Vez por outra, uma matéria extensa sobre um determinado prato aparecia numa revista de gastronomia. Valia mais. E dá-lhe centímetros ou metros de notícias. Mas já era difícil distinguir o produto do trabalho das assessorias daquilo que era chamado "mídia espontânea", ou o real interesse da imprensa em atitude independente.

Depois, ainda vieram os chefs. Primeiro, os franceses; depois, seus imitadores; por fim, quase todos dos Jardins (e eram poucos). Os chefs foram se tornando personagens, e suas assessorias de imprensa já podiam ser quaisquer; não precisavam ser especializadas em gastronomia. Bastavam ser "metroeficientes".

Em seguida, veio a época dos *press releases*. As assessorias inundavam as redações dos jornais com folhas e mais folhas impressas contando as virtudes dos restaurantes – especialmente os novos – com detalhes do cardápio, da arquitetura, do grupo de investidores. Isso gerava alguma movimentação nos jornais, que saíam a campo para investigar por si próprios. Depois, os jornais reduziram custos, cortaram equipes e os *press releases* se tornaram uma forma privilegiada de contato com o mundo.

A gastronomia foi se tornando essa ideologia do bem-viver à qual, espontaneamente, mais e mais gente adere. E, por fim, parte da imprensa se desmaterializou. Hoje, além dos jornais, os blogs caíram nas graças das assessorias. As caixas de mensagens são abarrotadas de *releases*. E além de *press releases*, as assessorias tomam a liberdade – e bote liberdade nisso! – de sugerir que o blogueiro escreva isso ou aquilo, faça um post exaltando as qualidades de tal ou qual azeite, de tal ou qual carne; do restaurante x ou y; do festival de não sei onde; e assim por diante.

Há também convites para degustações, bundalelês tipo "liberou geral". Os blogueiros amadores se sentem VIPs. Do anonimato para a festa, por conta de alguma relevância detectada pelas ferramentas Google.

Chegará o dia – que não está distante – em que assessorias gratificarão por centímetro publicado de matérias que elas mesmas redigirão. Pedirão endereço para mandar brindes, e assim por diante.

Excetuando o período daquele colunista que pagava honestamente o que comia com elogios, por qual caminho os donos de restaurante foram convencidos de que poderiam medir a eficácia da difusão de informações por centímetro de colunas de jornais? E por quais descaminhos as assessorias de imprensa chegaram à conclusão de que jornalistas e blogueiros estão sempre à espera de alguma coisa "bundalelê" da parte de quem lida com alimentos?

Talvez um tanto de preguiça, pois poderiam criar blogs e twitters para seus clientes para divulgar amplamente os produtos sobre os quais gostariam de chamar atenção – coisa que os blogueiros, invariavelmente, observariam sem se atrelar à pauta das próprias assessorias de imprensa.

Mas as assessorias julgam que os blogs são um caminho virtuoso de divulgação dos seus clientes. Produzir informações é coisa sadia, desejável; querer legitimá-las através de sites e blogs especializados em gastronomia é, convenhamos, um certo abuso.

Muitos blogs (que não são fruto do jabaculê, mas de honesta dedicação) mostram como surfam numa eterna festa, noite após noite, sempre "novidadeiros", sempre elogiosos. Um simples brigadeiro é motivo de grossa celebração. São os blogs-bundalelê.

"Eu só peço a Deus
Um pouco de malandragem..."

ALIMENTAÇÃO E CORRUPÇÃO DA IMPRENSA

O que seria, nos dias de hoje, uma imprensa responsável? Certamente o leitor espera que ela se coloque ao seu lado, como sentinela vigilante daquilo que possa prejudicá-lo. As denúncias de corrupção governamental são um exemplo: leitores e imprensa de um lado, governo do outro, sempre procurando se explicar ou justificar o injustificável. Mas digamos que esse tipo de denúncia é muito mais fácil do que outras. Basta levantar um indício e pronto! Temos um "escândalo".

Exemplo de algo praticamente inexistente na imprensa brasileira encontra-se no *The Guardian* (23 de julho de 2014)[1], como me alertou gentilmente o leitor Rogério Gaspari Coelho. O jornal simplesmente fez uma investigação de cinco meses (note bem: cinco

---

1. Disponível em: http://www.theguardian.com/world/2014/jul/23/-sp-revealed-dirty-secret-uk-poultry-industry-chicken-campylobacter

meses!) antes de publicar uma matéria denunciando a ampla contaminação de frangos por campilobactéria, atingindo dois terços dos animais comercializados em certas redes de supermercado.

A campilobactéria vive no trato digestivo das galinhas e pode contaminar a carne durante o processo de manipulação. Ela é responsável por diarreias, febres, vômitos e, no limite, morte das pessoas que a consomem. É a causa mais comum de diarreia nos Estados Unidos. O jornal apurou que respondem por cerca de 100 mortes anuais na Inglaterra.

Além de levantar as condições anti-higiênicas de produção dos frangos fracionados – quando se dá a contaminação –, o *The Guardian* investigou também os três maiores supermercados, entrevistou agências governamentais e apurou que ninguém estava nem aí para o problema.

Na verdade, o governo temia uma crise alimentar semelhante àquela desencadeada em 1988, quando a então ministra da Saúde do partido conservador Edwina Currie alertou que a maior parte dos ovos britânicos estava contaminada por salmonelas. Ovos, maionese e todos os derivados estavam comprometidos. A ministra caiu e o evento pode ser visto como grande impulsionador da adoção da produção dos frangos orgânicos, *Red Label*. Foi uma espécie de "vaca louca" avícola...

O silêncio governamental é talvez o aspecto mais importante da denúncia do *The Guardian*, pois só se justifica a partir do conluio entre autoridades – que existem para proteger a população – com a indústria do frango. Como disse um especialista em segurança alimentar da Universidade de Sussex, "nos últimos anos, a *Food Standards Agency* tem estado sob muita pressão do governo e da indústria de alimentos para garantir que só produza mensagens reconfortantes, e, especialmente, não diga nada que possa provocar qualquer crise alimentar [...] a independência é totalmente ilusória".

Agora, a questão é a seguinte: por que a indústria da informação brasileira não se mostra capaz de fazer investimentos sociais como esse do *The Guardian*? Sim, porque no mundo moderno é preciso multiplicar mais e mais a geração de conteúdo, como forma de fugir a essa grande ilusão comunicacional que é reproduzir *ad nauseam* o que alguém, por descuido, apurou nalgum canto. Perdeu-se a noção de *investimento investigativo*, capaz de gerar conteúdo único e embasado em conhecimento. Isso fica para as "agências", cujos serviços todo jornal e revista compram. Mas que interesse teriam as agências em ir contra a corrente?

Tenho denunciado, de modo genérico, tanto a indústria de frangos como a de rações animais, e tenho as desconfianças mais legítimas sobre a qualidade sanitária do salmão de granja chileno. Além do conluio governamental, suspeito, pelo silêncio, também do conluio da imprensa brasileira.

Não estou falando de jabá exclusivamente, mas dessa abjeta "redução de gastos" que sempre impõe, aqui e ali, cortes e mais cortes nas redações. Ela funciona sem que os jornalistas sequer visitem as "fontes", consultando-as por telefone ou e-mails que são respondidos pelas assessorias de imprensa (outros jornalistas pagos para dourar as pílulas). Isso acaba por impor a visão do mundo oficial, governamental e privada à grande massa de leitores. A grande imprensa entrega nossa alma ao diabo.

Essa "redução de gastos" – que é a renúncia ao bom jornalismo como o *The Guardian* dá mostras – só é possível porque a imprensa, em algum momento de sua história recente, reduziu-se ao papel diminuto de câmara de ecos dos poucos fatos que têm potencial de comover o público. Daí também, é claro, a ênfase na "corrupção governamental", quando escândalos são criados a partir de uma simples declaração de um servidor público envolvido (preterido?) nalguma negociata.

A imprensa se corrompeu enormemente, estimulada pelo cálculo racional do lucro e competição por preços. Corrompeu-se naquele sentido maior que Balzac, lá no século XIX, denunciou em *Ilusões perdidas*. Ela faz sordidamente o papel de pilar do *status quo*, agitando, para as massas, a ilusão de um poder independente.

Longe vai a época em que Ralph Nader era o exemplo de jornalismo cidadão que se procurava imitar nos quatro cantos do mundo.

AVATI[2]

No paraíso só se come cru. Nada de suor do rosto, de trabalhos plasmados em preparações culinárias para guardar, comer depois. Comida de homens é chamada de avati. Só aqueles expulsos do paraíso tentam reconquistar seus sabores, cozinhando incessantemente.

No princípio, antes de nos tornarmos bípedes, era só cheirar as coisas antes de comê-las. E os animais, na busca do cio, toparam com as trufas. Cavoucando com as mãos ou patas, ou o focinho, chegavam a essa maravilha. Porcos, cães e hominídeos procuravam, sob o solo, o cio da terra. Depois das chuvas de outono, o cheiro sexual da terra.

Depois, com a postura bípede, os cheiros mais íntimos ficaram mais distantes; mas, ainda hoje, porcos e cães auxiliam o homem a encontrar as trufas. Um cheiro tão profundo, tão essencial, que milhares de anos de convivência pouco alteraram essa relação sensitiva. Afinal, a melhor forma moderna de se comer trufas é com ovo frito. Existe, na cozinha, algo mais evocativo do estado primitivo? O próprio ovo é a galinha que ainda não cozinhamos.

Por conhecerem apenas o cru, escarafuncharam o mar. Maravilhas de corais, de crustáceos e conchas. E toparam com a ostra. Coisa crua, lisa, gosmenta, que parece um abismo aberto à mesa para as pessoas que entendem a cultura como uma interferência que nos liberta do mundo natural. Pois mergulhar nesse abismo, comungar o cru, o frio, a noite das profundezas, era uma maravilha do paraíso. Até hoje há resquícios disso: apenas uma gota de limão para ver o animal se contorcer, como se

---

2. Publicado originalmente na revista *Select*.

os últimos fios de vida lhe escapassem para poder ser comido em paz. Na paz dos mortos.

Sob o sol, outra crueza: o mel. No princípio, as abelhas não tinham ferrão, pois nada temiam. E depositavam o mel em qualquer canto. Depois, armaram-se e desenvolveram favos hexagonais. Hoje, "a colmeia da abelha é absolutamente perfeita no que se refere a economizar trabalho e cera", observou o homem que primeiro entendeu que o paraíso é efêmero. Outras, mais primitivas, aferradas ao sem ferrão, ficaram pelo caminho. E em protesto contra a modernidade e essa racionalidade odiosa das abelhas domésticas, continuam a dar pouco mel. Mas os mais ricos em aromas e sabores. Méis (ou meles) do paraíso...

E por falar em mel, no paraíso há uma grande floresta de mangas, com mais de 70 variedades. Isso porque todos ali, sem terem que gastar tempo para cozinhar, saem todas as manhãs para chupar mangas e cada um gosta de uma variedade. Mas o bom da manga não é só o gosto, ou os 70 gostos, mas a lambuzeira, a melança que mistura homens e frutas. Mel misturado à fruta, fruta misturada aos homens, bem entendido.

E foram assim, aos poucos, firmando-se os manjares dos deuses e dos homens, antes que se separassem, por conta de algum fatal episódio que muito ofendeu aos deuses, que se reservaram o domínio das coisas cruas, fáceis, diretamente gostosas, condenando os homens à cozinha, à imprecisão dos cozimentos que nos conduzem ao bom, ao belo ou simplesmente ao desastre, obrigando-nos a tudo fazer de novo, a recomeçar. Avati, comida de homens.

Trufas, ostras, abacaxis, mangas, bananas, cajus, umbus, e tudo mais que veio ao mundo sem depender do trabalho impreciso do cozinhar, constituem manjar de deuses. A natureza que come a si mesma, a autofagia no quase infinito processo de suprimir-se produzindo o outro – assim é no paraíso. Tudo imediatamente disposto para, da mão para a boca, tornar-se êxtase. Basta prestarmos atenção ao que comemos para perceber que nada acrescentamos à roda do fogo, a não ser angústia, incerteza e uma vaga consciência de perpétua danação. Não por acaso estamos dispostos a conceder a quem cozinha bem o papel de sacerdote.

I - DE QUE CRÍTICA GASTRONÔMICA PRECISAMOS?

Ao finalizar uma introdução para a edição brasileira do livro *La cuisine: c'est de l'amour, de l'art, de la technique*, de Hervé This e Pierre Gagnaire, acabei voltando o pensamento à questão da crítica gastronômica, muito especialmente de restaurantes.

Afinal de contas, qual o papel de quem escreve sobre gastronomia em relação à formação do gosto? Os críticos de literatura formam o gosto por literatura, mas será que os críticos gastronômicos formam o gosto na gastronomia?

Hervé explora muito o papel de Curnonsky e opõe seu modo de pensar ao futurismo culinário de Jules Maincave. Na verdade, está em questão a reprodução da tradição, dos sabores consagrados, *versus* à inovação. O exemplo que ele usa com insistência é o frango: Curnonsky é a favor do frango que parece frango eternamente, reconhecido por qualquer um. Mas há o frango refinado, como o de Bernard Loiseau. Qual é o frango que recomendaríamos para alguém?

O leitor dirá: ambos! Claro, mas o crítico que vai a um restaurante tem uma ideia a respeito. E comentará o trabalho do chef da sua perspectiva. Ora, além da cultura gastronômica, o ambiente social da crítica é fundamental para definir seu formato, alcance e compromissos.

Sob este aspecto, sou a favor da crítica anônima. Acho que preserva o crítico da pressão do meio social em que os restaurantes estão imersos. Como era, no Brasil, a velha crítica de Apicius no *Jornal do Brasil*.

O crítico do jornal *Folha de S.Paulo,* Josimar Melo, publicamente, já expressou outra opinião. Ele acha o seguinte (espero não estar traindo seu pensamento): se o camarada cozinha mal, se o restaurante é cheio de falhas, não é por conhecê-lo e reconhecê-lo que ele fará um prato melhor. É um ponto de vista defensável. Há críticos bons e maus.

CRÍTICA DA CRÍTICA

Mas, se o crítico trabalha para um "partido gastronômico" ou estético que não é a maré dominante, ele será logo classificado como impertinente, insensível, ranzinza. E as portas se fecharão para ele. O espanhol Rafael Garcia Santos é odiado por uma parte do mundo da restauração. É muito *partisan* do novo. Então, nesse caso, para fazer o trabalho dele, seria melhor ser anônimo.

Há que se considerar também que o mundinho da gastronomia dita "alta" é muito pequeno. Todo mundo forma uma turma só. São prêmios distribuídos entre um círculo restrito, exercícios de degustação, aulas, encontros, colaborações com revistas. Facilmente o crítico é cooptado pelos interesses desse microcosmo. Perde liberdade, fala uma conveniência comercial aqui, outra ali. Torna-se "consultor" ou conselheiro dos agentes do mercado. Daí a reafirmar o senso comum é um passo.

A inovação precisa de críticos cultos, anônimos, cúmplices de um projeto – não de chefs.

A crítica anônima (que ao menos cumpre essa função), no Brasil, retraiu-se do jornal e se abrigou na internet, expressando-se por meio de blogs. Os jornais, há décadas, não renovam seu plantel de críticos. O que vemos é um *turnover* de repórteres, que nem têm tempo de se formar como críticos.

II - A DIFERENÇA ENTRE NARRAR E DESCREVER

Em 2009, o Supremo Tribunal Federal derrubava a obrigatoriedade do diploma de jornalista para o exercício da profissão. Na argumentação, o relator, ministro Gilmar Mendes, sustentou que "um excelente chef de cozinha certamente poderá ser formado numa faculdade de culinária, o que não legitima o Estado a exigir que toda e qualquer refeição seja feita por profissional registrado mediante diploma de curso superior nessa área".

Disse que para ser jornalista, ou cozinheiro, não é necessário diploma. O diploma só é necessário em profissões que exigem o domínio de "verdades científicas".

Pessoalmente, acho que a temperatura em que ferve a água é uma "verdade científica", e, se o cozinheiro não dominar isso, não será um "excelente chef de cozinha". Mas o ministro devia estar falando de medicina, e não vamos perder tempo com isso.

Jornalismo e culinária estão fora do campo das "verdades científicas"? Talvez o que os aproxime seja o empirismo. Não há a "teoria" no jornalismo. Nem da culinária. Um amigo, hoje conhecido jornalista e que foi meu colega de faculdade, dizia na intimidade que jornalismo era um curso de "nível médio"; quer dizer, havia que se procurar a cultura em outra parte. A culinária é a mesma coisa. Hervé This sugere a física e a química como conhecimentos úteis à culinária. Outros sugeririam história, sociologia, antropologia, além de fisiologia humana.

O fundamental, para jornalismo e culinária, é estabelecer um ponto de vista a partir do qual se observa os fenômenos. O empirismo do cozinheiro dificulta isso tanto quanto a suposta objetividade do jornalista, que acredita que os "fatos" existem de modo absoluto e que cabe a ele relatá-los.

Seria útil se os jornalistas soubessem a diferença entre "narrar" e "descrever", se soubessem situar o leitor dentro do drama culinário, o que é diferente de se aproximar dele como se fosse uma paisagem ou adereço. Mas isso é teoria literária, e eles acham que não diz respeito ao domínio do jornalismo e, muito menos, do jornalismo culinário que pretende "descrever os fatos o mais objetivamente possível". Deviam ler Zola, Balzac, Tolstói, atentando para as diferenças. Descobririam muita coisa útil para si e para o leitor.

III - O CRÍTICO COMO TRADUTOR

Pense o seguinte: eu não lhe conheço, não sei dos seus gostos e hábitos e, de repente, topo com uma crítica sua num jornal, revista ou blog, onde se lê: "O que me surpreendeu mesmo foi o XPTO de coco. Muito bom! O medalhão também estava bom, mas não excepcional. Em compensação, o tal XPTO do sertão era bem gostoso!".

O que isso me diz? Absolutamente nada! O que você entende por "gostoso"? O que quer dizer "bom, mas não excepcional"? Sem querer, você não consegue me comunicar nada, ou a sua experiência não me serve de nada, caso você não seja o ídolo que estou disposto a seguir cegamente. Esse é o problema. E "ingredientes brasileiros e um toque moderno"? Me explica.

Onde está o "ponto" do prato: na sua cabeça, na minha ou na do cozinheiro? E quantas vezes você não lê que tal prato estava "sem gosto", ou, ainda, tinha "passado do ponto"?

Tomemos outra situação: o dito "ovo perfeito". É uma forma de cozinhá-lo com resultado esperado. Ele chegou a esse ponto, ou não chegou? Ou ele é perfeito por que está escrito no cardápio como se fosse um nome de batismo? O crítico tem que saber qual seja a verdade. Já a carne "à baixa temperatura" por x horas. É importante saber a temperatura, pois presumidamente se pode estacionar em várias temperaturas abaixo de 100 ºC.

A crítica, na verdade, tem que estabelecer uma ponte entre a minha cabeça e a do cozinheiro. Portanto, tem que explicitar qual "tradutor" está usando quando emite seu juízo sobre o prato. Deve conhecer a teoria das cocções à baixa temperatura, a vácuo etc. E precisa envolver o leitor nesse plano onde se forma o juízo.

É um problema, claro. Afinal de contas, não se pode ficar dando aulas de introdução às técnicas culinárias modernas para emitir um juízo sintético. Aliás, esse é o *seu problema* enquanto crítico.

IV - A CRÍTICA E OS INGREDIENTES

Agora, por um bom período (e até que se torne enfadonho), a imprensa especializada em gastronomia porá em relevo os ingredientes. Mas, o que é ingrediente?

Há uma maneira estreita de entendê-los, como se fossem apenas as coisas *in natura*. Ora, ingrediente e produto são a mesma coisa. O ingrediente é o que está no início do processo de produção, entrando como matéria-prima. Mas ingredientes podem ser produtos: o queijo minas artesanal é um produto que é ingrediente para fazer o pão de queijo. Então, a condição de ingrediente ou produto depende da posição no processo de produção e, mudando esse lugar, mudam as suas determinações.

As determinações dos produtos naturais (animais ou vegetais) advêm de duas fontes: sua genética e nutrição. Uma, digamos, determinando o genótipo e a outra o fenótipo, se entendermos a nutrição como o conjunto de influências ambientais, e não só a alimentação da espécie. Nem tudo, nesse processo complexo, é útil ao homem.

Todos os ingredientes, mesmo os apresentados *in natura*, arrastam dentro de si uma história. Essa história é composta do trabalho humano que, ao longo dos séculos, arrancou aquela coisa da natureza tornando-a útil pela genética do produto, especialmente pela seleção artificial (mais recentemente, inclua-se aí a transgenia) e pela nutrição. Há, portanto, no ingrediente, o resumo de uma história natural da coisa e de uma história social humana sobre sua utilização e transformação, especialmente sob domesticação.

A ideologia nutricionista é a que mais de perto nos afeta, abrindo flancos perigosos para o organismo humano. Reduzindo tudo a nutrientes, tendo por trás uma ideologia médica sobre saúde e longevidade, normalmente deixa de lado as condições de produção que afetam os ingredientes de forma decisiva.

Os casos do frango e do salmão são exemplares. Há a ideia comum de que peixe e frango são "mais saudáveis" do que carne vermelha. Será?

Salmão de cativeiro e frango são, hoje, espécies doentes. Foram transformadas de coisas naturais em resumo de uma seleção genética e um modelo nutricional sob confinamento que, em geral, retirou-lhes boa parte do sabor e da sanidade. São espécies que merecem compaixão.

Não adianta serem propagados como "frescos", "de qualidade", se esta qualidade é, do ponto de vista constitutivo, a negação daquelas qualidades originais.

Fazer eco ao oba-oba dos chefs em torno dos ingredientes "frescos" e "naturais" que usam é promover a mistificação, a ilusão a respeito da nossa própria nutrição. São palavras que, quase sempre, escondem uma história de valor duvidoso, quando não nocivo, para a alimentação humana. No entanto, constituem verdadeiro mantra gastronômico.

É bom que o frango não consuma hormônio de crescimento nem antibiótico? Parece que sim. Isso nos autoriza a chamá-lo de "natural"? Certamente todo produto que comemos é "natural", visto que não há criação sobrenatural de frangos ou do que seja. Mas se os frangos, aglomerados como são, não consumirem antibiótico, poderão colocar em risco nossa saúde mais ainda. O mesmo ocorre com o salmão.

O homem criou uma "segunda natureza" em torno de si, e ela não deixa muitas portas de escape para a "natureza natural". Essa fatalidade nos obriga a observar, sempre, as condições de produção desde o primeiro momento até o prato servido no restaurante. É ingenuidade pensar que, observando restaurante adentro, possa se formar um bom juízo sobre a qualidade do que comemos. Há lugar, em nossa imprensa, para um Ralph Nader brasileiro.

V - A CRÍTICA E O EMPREENDEDORISMO

O "negócio restaurante" deve ser objeto de tratamento da crítica gastronômica, ou pertence às páginas de economia dos grandes jornais?

O glamour atual dos chefs se baseia na identificação com o artesanato. O roteiro do chef que dá duro, acorda cedo, vai ao mercado, escolhe o melhor, prepara cada prato com a mesma atenção, observa o prato que sai da cozinha em direção à mesa, fundamenta uma ideia do "cuidar" que o cliente entende merecer e pagar por ele.

Raras são as atividades em que a noção de "preço justo" está tão presente. Comer bem e pagar por isso "o que vale" é a consagração do acolhimento que, idealmente, deverá se repetir sempre. É esta forma de representar a relação básica restaurante/cliente que consolida a ideia de que se trata de um artesanato único.

É difícil transcender esse tipo ideal. Em função disso, muitos chefs que "não estão lá", à frente do negócio, foram punidos. Esta é a razão da birra histórica de Bocuse com a *Gault & Millau*. A revista zela pelo mito.

Mas cadeias de bistrô, expansão de negócios para outras áreas, entrelaçamentos financeiros são, cada vez mais, dimensões fortes da restauração.

Os negócios de Alain Ducasse montam a € 93 milhões; os de Joel Robuchon, a € 60 milhões; os de Laurent & Jacques Pourcel, a € 37,5 milhões; os de Georges Blanc e Paul Bocuse a, respectivamente, € 22 milhões e € 19 milhões – todos em valores de 2007, segundo o número 69 da revista francesa *Challenges*.

Nos EUA, os superchefs de destaque, isto é, aqueles que possuem mais de um restaurante, são Wolfgang Puck, Charlie Palmer, Todd English, Milliken e Feniger, Tom Colicchio. Charlie Palmer se tornou sócio da Microsoft num software de administração de adegas que, inclusive, aumentou em US$ 750 mil suas vendas anuais de vinhos no Aureole de Las Vegas.

Decididamente, não se trata apenas de *small business*. E os problemas não são exclusivamente culinários, haja vista o trágico suicídio de Bernard Loiseau (do qual me ocupei no livro *Estrelas no céu da boca*).

Os problemas da formação do gosto do público, a manutenção da qualidade homogênea e a globalização são aspectos do negócio restaurante como *big business,* e eles são presididos pela lógica financeira, não pela lógica das panelas.

Seria ingenuidade imaginar que isso não se reflete nas panelas. Mas também é verdade que, no Aureole de Nova York, comi a melhor sobremesa de chocolate da minha vida.

VI – CRÍTICO E O CARDÁPIO

Um fenômeno curioso esse da moda dos nomes de pratos. Está certo: feijoada é feijoada, mas o que é "feijoada à moda da casa"? Ou "lagosta à Thermidor"? Mesmo que você saiba que Thermidor é o 11º mês do calendário da República Francesa, não refresca nada. Então, o crítico gastronômico precisa também ser um pouco crítico literário. Além de saber que, quando meteram queijo parmesão na tal lagosta, traíram a receita.

A moda é mais ou menos mundial, a ponto de Santi Santamaria acusar certa "renovação" culinária de ser a aparência de um processo que se resume a rebatizar pratos. Renovações nominalistas.

Se formos a Escoffier (sempre ele!), encontraremos vários clássicos seus batizados em homenagem a clientes ou pessoas que admirava: pêche Melba; poire Belle Helene; fraises à la Sarah Berhardt; la poularde Sainte-Alliance. Ele odiou quando o *The New York Times* disse que "pêche Melba é o nome feudal para o nosso democrático *sundae*". Não conseguia ver a relação entre uma coisa e outra. E havia se apagado sua homenagem à diva Nellie Melba, que ele conheceu em 1893 no Savory, quando ela fazia uma temporada no Covent Garden.

Alguns dos seus pratos duraram bastante, apesar de degenerados. Como a lagosta à Thermidor. Eram nomes elitizados, que exigiam familiaridade, isto é, não eram para um "cidadão comum", como diria Lula.

Como o francês é o idioma da gastronomia clássica, os nomes *fakes* proliferaram. Como o norte-americano *petit gâteau*. Para quem sabe francês, um bolo pequeno. Quando foi criado nos EUA, nos anos 1990, era só de chocolate. Hoje pode ser de diversos ingredientes, de sorte que pouca coisa de útil sabemos.

À época do meu restaurante Danton, nos divertíamos criando nomes de pratos. Pintade Lévi-Strauss. Era uma galinha-d'angola à cabidela, barbarizada com adição de creme de leite para disfarçar o sangue. Imaginamos o antropólogo deambulando pelo Brasil central, comendo angola e com saudades do creme de leite.

Além disso, era superpedante. Mas o público, muito intelectualizado, entendia o recado. Para os que não entendiam, sob a linha do nome do prato em francês sempre havia uma explicação em português; em geral, a descrição dos principais ingredientes. Era uma época de transição.

Hoje os pratos perderam o nome evocativo de fantasia. Difunde-se uma linguagem de cardápio onde predomina, sobre a fantasia, a descrição que se pretende "objetiva". Os clientes se dão por contentes quando o que é descrito é entregue à mesa. O cardápio é julgado pela "correspondência" com o real.

Então encontramos: patê artesanal de fígado de frango orgânico; cordeiro assado no forno a lenha; sorvete de chocolate Valrhona; salada verde orgânica com lâminas de parmesão; creme de feijão branco com camarões grelhados e perfumados ao pesto genovese; filé suíno com batatas ao forno com creme e queijo – e assim por diante.

Por trás da intenção descritiva, certas palavras e expressões se tornaram verdadeiros mantras da gastronomia atual: orgânico, natural, lâminas, perfumado, forno a lenha, baixa temperatura, suíno (em vez de porco) etc.

Como nos nomes escoffianos se insinuava o aristocratismo do comer, agora é toda uma ideia de ruralidade, de respeito à naturalidade das coisas, de delicadeza, de sustentabilidade e modernidade, que se dispõe à mesa para degustação de um público urbano ávido de vínculos com realidades mais simples e "puras", interessado em informações técnicas precisas.

Sem compreender que as raízes dessas palavras são as ideologias nutricionais e estéticas que habitam a alma dos clientes, nunca se atingirá o real significado das frases adotadas nos cardápios para designar os pratos servidos.

O PAPEL DA CRÍTICA EM GASTRONOMIA

É curioso o papel da crítica gastronômica. O que esperamos dela? Sabemos o que esperar da crítica literária, da crítica musical, mas será que sabemos o que esperar da crítica gastronômica?

As críticas literária e musical, assim como de artes plásticas, possuem suas próprias teorias, de sorte que também podemos julgar o crítico em função das referências teóricas e conceituais que o movem. E o crítico gastronômico, qual sua teoria? Qual a sua metodologia?

Como a gastronomia não é uma forma canônica de arte – e há quem diga que se trata de uma não arte, pois não tem um objeto próprio –, muitas vezes nos contentamos com sua crítica mais elementar: o analista nos diz, diante de um prato, "gosto" ou "não gosto".

Mas por que vou abrir mão da minha subjetividade em favor da subjetividade de um terceiro? Muitas vezes por preguiça. Não quero perder meu tempo arriscando e elejo um bode expiatório para experimentar o que eu virtualmente desejaria. Esse crítico é uma espécie de comissão de frente do meu desejo.

Mas há o crítico da cultura alimentar ou gastronômica. Esse é mais raro e o que ele nos fornece são coordenadas para nos movermos livremente entre os desafios de um mundo empírico, concreto, que é bem maior do que as experiências que pessoalmente podemos acumular. Dentro dessa categoria de crítico, Manuel Vázquez Montalbán (1939-2003) foi um expoente e figura quase única.

Esse prolífico escritor catalão, de posições políticas inequívocas – em sua obra brilha o comunista militante, que sempre usava sua verve em favor da democracia e contra o franquismo – criou para si um vasto campo de cultura gastronômica em que, como autoridade, pontificava com a admiração de todos. Quando morreu, Ferran Adrià escreveu em seu elogio fúnebre: "Montalbán é importante porque foi a pessoa que tornou possível que a cozinha tradicional e a contemporânea convivessem sem problemas neste país. Foi autor de livros importantes sobre cozinha tradicional, mas era também um amante da cozinha de vanguarda e nunca se referiu a elas como se fossem mundos contrapostos [...]. Sobre El Bulli, Vázquez Montalbán foi a primeira pessoa que falou do que estávamos fazendo qualificando-o de 'cozinha de investigação'".

Capacidade de antecipação. Talvez esta seja a chave da crítica gastronômica. Nesse sentido, Montalbán é o fundador da moderna disciplina da crítica gastronômica, isto é, alguém que estabeleceu sua "teoria analítica" mais do que exerceu a crítica de restaurantes propriamente dita.

Outra figura de destaque da crítica é Rafael García Santos, embora este se concentre mais na crítica de restaurantes. Ele não é exatamente querido, como Montalbán. Talvez seja mais odiado que qualquer outra coisa. Seu método *partisan* consiste em separar o joio do trigo: quem não faz a moderna cozinha espanhola simplesmente não presta. Ele segue uma espécie de decálogo da cozinha moderna, que ele mesmo sintetizou. Como, décadas antes, o *Gault & Millau* havia feito para a nouvelle cuisine. Apesar disso, é inegável que García Santos funcionou como parteiro de um novo ambiente gastronômico na Espanha.

I - O TERROIR E SUA DETERMINAÇÃO

Essa coisa mística que é o terroir, segundo a concepção tradicional francesa e da qual abusam especialmente os enólogos, permite, contudo, uma mirada científica.

No estudo da evolução das espécies, Darwin teve muita dificuldade em determinar como os caracteres eram transmitidos de uma geração a outra. De fato, ainda faltava o domínio da genética. Mesmo assim, tentou esboçar uma teoria – a hipótese da pangênese – que se encontra em *The variation of animals and plants under domestication* (1868), mas que não foi bem recebida e, hoje, de fato, parece estapafúrdia.

Quando ele morreu, vários cientistas tentaram explicar essa lacuna, inclusive voltando aos argumentos de Lamarck. Esta "retomada" é denominada "neolamarckismo", e um de seus expoentes foi Ernst Haeckel.

O neolamarckismo de Haeckel advoga o primado das influências ambientais na transformação dos seres vivos. Para ele, basicamente, se trata de um processo de adaptação. Vale a pena reproduzir aqui um trecho onde define a adaptação como fruto da nutrição:

"Dando a nutrição como causa determinante da adaptação, considero esta palavra no seu sentido mais lato e designo assim a totalidade das variações materiais que o organismo sofre em todas as suas partes sob o influxo do mundo exterior. Para mim, a nutrição não é somente a ingestão de substâncias realmente nutrientes, mas a influência da água, da atmosfera, da luz solar, da temperatura, de todos os fenômenos meteorológicos designando-se pelo nome de clima. Compreendo por nutrição ainda a influência mediata ou imediata da constituição do solo, da habitação, da ação variada e importante que os organismos circunvizinhos exercem, sejam eles amigos, inimigos ou parasitas etc., sobre cada planta ou sobre cada animal. Todas essas influências e outras mais importantes afetam o organismo na sua composição material e devem ser consideradas debaixo do ponto de vista das permutas materiais. A adaptação será o resultado de todas as modificações suscitadas nas trocas materiais do organismo pelas condições externas da existência, pela influência do meio ambiente".

Com o conhecimento da genética de Mendel, e posteriormente a 1910, os argumentos de Haeckel caíram por terra. Sabe-se que o ambiente, no máximo, "seleciona" na espécie os caracteres genéticos existentes no seu estoque e, muito raramente, constitui uma pressão que favorece mutações. Não faz sentido, portanto, a sua afirmação: "Segundo a preponderância da luta pertence à hereditariedade ou à adaptação, persiste a forma específica ou se transforma numa nova espécie. O grau de fixidez ou de variabilidade das diversas espécies [...] é simplesmente o resultado da preponderância momentânea exercida por uma das duas forças formadoras".

O que isso tem a ver com o nosso assunto? Simplesmente não se entende a construção das variedades das espécies domésticas, animais e vegetais, sem a forte interferência da seleção artificial ou metódica. As características das vinhas – e suas variedades apreciadas como cabernet, merlot, nebiollo etc. – são antes produtos da ação humana, escolhendo, ao longo dos anos, os caracteres úteis e, através de vários expedientes, procurando transmiti-los às novas gerações. Até mesmo as relações com o solo e o clima são construídas intencionalmente. No polo oposto está, por exemplo, um produto como o tartufo bianco d'Alba. Ele é "inadaptável" a outros ambientes, até agora. Mesmo assim, "produzi-lo" depende da habilidade humana, inclusive na seleção dos comportamentos instintivos de porcos e cachorros.

Desse modo, mesmo no centro de uma categoria da qual tanto se abusa, como terroir, está o trabalho humano. Inclusive os que são considerados produtos da "floresta virgem". Recentemente se descobriu que os ajuntamentos de castanha-do-pará, cacauí, bem como o desenvolvimento do fruto da pupunha, resultam de ações humanas milenares no manejo florestal das espécies.

Para que serve, então, a noção de terroir?

Em alguns poucos casos estudados para a Europa foi possível detectar que, por trás da delimitação intuitiva do território, havia relações objetivas entre a espécie (vinhas do Loire) e o clima, ou o produto manufaturado (uísque, presunto pata negra) e o território. Mas, repita-se: em apenas poucos casos.

Na maior parte dos casos, é um conceito com cidadania apenas no marketing. Ajuda a comunicar exatamente esta mística que tanto se valoriza, que são as relações "mágicas" entre as coisas de comer e seu território. Por isso vão se criando tantos territórios demarcados, ou "denominações de origem", que servem aos propósitos da venda. Mas a magia precisa de feiticeiros, não de cientistas. A magia dos feiticeiros é a gastronomia. Ciência é outra coisa.

II - A QUESTÃO DA VINHA, DO HOMEM E DA NATUREZA

Duas ideias com livre curso na enologia me parecem muito estranhas:

1. Quanto menor a interferência do trabalho humano, mais o terroir se expressa.

Comento: nessa concepção, terroir é tomado só como geografia (solo, clima, enfim, nutrição). Para os que pensam assim, nunca é demais recordar as reflexões de Adam Smith, já em 1776: "A diferença dos solos afeta a videira mais do que qualquer outra árvore frutífera. De alguns resulta um sabor que não se consegue em nenhum outro cultivo ou método de manejo. O sabor, seja real ou imaginário, é muitas vezes típico da produção de uns poucos vinhedos; às vezes se estende pela maior parte de um pequeno distrito, e às vezes por uma parcela considerável de um distrito grande. A totalidade desses vinhos, quando levados ao mercado, não consegue atender à demanda efetiva [...]. Por causa disso, esses vinhedos são em geral cultivados de maneira mais cuidadosa do que os demais, e o alto preço dos vinhos parece ser não o efeito, mas a causa desse cultivo mais cuidadoso".

Como bom economista, ele sabia que, em qualquer condição natural ou geografia, é o trabalho humano o fator determinante que se expressa nos produtos.

2. A excelência de um vinho depende da perfeita harmonia entre três elementos: a vinha, o homem e a natureza.

Pergunto: por que a vinha e o homem são postos "fora da natureza"? Por que a harmonia é superior ao conflito? Não seria o caso de assumir, como em qualquer outro ramo da atividade humana, que o homem está no centro do trabalho de transformação, dominando aqueles aspectos da natureza (a vinha inclusive) que efetivamente conformam o produto? Assim, quanto maior o domínio dos ciclos e fenômenos naturais, mais esta obra artificial (fruto do artifício humano, está claro) se torna expressão do artista que a imaginou no cérebro, antes de torcer e vergar a natureza, arrastando-a até lá.

III - VINHOS, UNS MAIS IGUAIS QUE OUTROS

Aparentemente, quem "cria terroirs" são pessoas como Michel Rolland. Isso porque ele é o maior "construtor de vinhos" e os vinhos são construídos em territórios delimitados, aproveitando-se suas características como elementos de comunicação sobre seu caráter. Mas, como diz: "Nessa bebida há, cada vez mais, universalidade, e alguns falam de globalização. Que pena que muitos não entendam nada do que está se passando: nunca houve tanta diversidade no bom gosto, na qualidade! Que não se goste de todos os vinhos é bastante lógico; é uma sorte que todo mundo não goste do mesmo".

Essas afirmações são a contestação ao tipo de argumento que ouvi de José Peñin, o maior especialista em vinhos espanhóis, quando o encontrei em 2006. Ele me disse que os vinhos do mundo estavam ficando cada vez mais parecidos, exatamente pela ação modernizadora das bodegas, empreendidas por técnicos como Michel Rolland. "Recentemente promovemos uma degustação às cegas de 15 vinhos de várias procedências. Éramos cinco degustadores, todos com vasta experiência. Sabe qual a conclusão a que chegamos? Concluímos que apenas cinco daqueles vinhos, com certeza, não eram espanhóis!", me disse em tom alarmado.

Peñin é um defensor dos vinhos espanhóis, e Michel Rolland um defensor dos seus negócios multinacionais de consultoria. Ele não pode mesmo admitir que todos os vinhos em que coloca as mãos se tornem iguais ou muito semelhantes; mas quase todo mundo no mercado de vinhos reconhece que existe um "estilo Michel Rolland" disseminado pelos quatro cantos do mundo.

Essa certeza é tão arraigada que, ao visitar uma importante vinícola espanhola a qual Michel Rolland começava a assessorar, a proprietária logo procurou me esclarecer sem eu haver perguntado nada: "Ah, mas o senhor Michel Rolland, por contrato, não vai mexer no estilo tradicional de nossos vinhos! Só vai nos assessorar na parte de marketing".

IV - VINHOS, UM ESTILO DE VIDA

Paradoxalmente, Michel Rolland odeia terroirs. Exatamente porque é um artífice do marketing, Michel Rolland se tornou um severo crítico do sistema de classificação francês.

Comentando os vinhos brasileiros do Vale dos Vinhedos e o propósito dos produtores de definirem uma Denominação de Origem (DO), disse: "Penso que o Merlot tem muito potencial nesta região. Mas não entendo o porquê de uma região estar buscando uma DO. Na França, por exemplo, há muitas DO, até porque fomos nós que inventamos. Mas quantas DO a França possui? O que quer dizer uma DO? Nada! No Brasil, vai ser igual. Então, por que gastar energia por nada? Não quer dizer nada, porque as pessoas não sabem o que é. Por que fazer algo que ninguém conhece? O mundo inteiro está na mesma tonteira. Veja o caso da França: em princípio, havia 50, hoje são mais de 450. Eu mesmo não conheço todas as indicações geográficas. Pode ser que 85% do Merlot seja muito bom, mas o que quer dizer isso se em algum ano o Merlot não alcança a qualidade necessária? É pura tonteira. É satisfação pessoal de algumas pessoas. Nada a ver com a qualidade. Nada".

De fato, à medida que o vinho se tornou um objeto cativo do marketing, sua linguagem também se transformou. Ela nos fala das habilidades de homens ao produzirem, das virtudes do terroir, do colorido da paisagem, um pouco da história local, da arquitetura das bodegas e, não raro, dos roteiros turísticos que se espalham pelas estradas que dão acesso a um vinhedo.

Desse modo, o vinho deixou de ser um simples produto de consumo, uma bebida, para se transformar no bastião de um estilo de vida e, por meio dele, se devem apreciar valores nem sempre intrínsecos ao produto; portanto, atrela o que outrora foi uma simples fruição doméstica a algo que depende de um conhecimento adquirido de modo específico – nem que seja a leitura semanal da agradável coluna do Luiz Horta – ou através de *workshops* ou formação profissional. Assim, a ideia de um produto antes responsável por prazeres individuais ou familiares, ou por uma simples euforia, translada-se para um campo organizado da cultura onde o acesso é relativamente dirigido e controlado.

A GASTRONOMIA MOLECULAR DE HERVÉ THIS

Hervé This [pronuncia-se "tis", e não "djis", como tenho ouvido] escreve na revista *La Cuisine Collective* artigos sempre úteis de se ler. Um deles se chama "Aviso de Tempestade!".

Dados alguns ataques sistemáticos contra a "cozinha molecular", ele se vê obrigado a sair em defesa desse estilo de fazer cozinha, embora ele mesmo já tenha anunciado o fim da colaboração entre ciência e cozinheiros, uma vez que estes últimos assimilaram os questionamentos da "gastronomia molecular" e voltaram à velha prática empirista (tentativa e erro) para o desenvolvimento do cozinhar.

Ao diferenciar "gastronomia molecular" (que é o que ele faz, com a investigação científica sobre as várias práticas culinárias) de "cozinha molecular" (o que os chefs fazem, aplicando na cozinha moderna técnicas e tecnologias até então inusuais – não necessariamente "descobertas"), Hervé sempre deixou claro que não tem nada a ver com o destino desta última.

Mas, no artigo citado, ele se coloca como "funcionário do Estado" que tem como missão trabalhar pela "melhoria da cozinha francesa" e, por isso, dedica seu tempo a refletir sobre a cozinha – o que o obriga a refutar críticas que em nada auxiliam o desenvolvimento da culinária, como as de Christian Millau à "cozinha molecular". Para ele, a cozinha é uma relação social, seguida da arte e, por último, da técnica. Nesses marcos, Hervé apresenta-a como uma obra aberta, sem ter que seguir cânones de qualquer espécie, muito menos usar as "camisolas de Carême". Mostra que as "novidades" da cozinha molecular são historicamente antigas, evidencia os preconceitos da crítica e as impropriedades das generalizações.

Como Hervé disse numa entrevista quando esteve no Brasil, "houve um tempo em que a mídia dizia que os chefs estavam fazendo gastronomia molecular: isto não é possível, já que a gastronomia molecular é ciência, e eis aí o porquê de eu ter proposto o termo 'cozinha molecular' para os chefs, mantendo o termo gastronomia molecular para a ciência".

Mas a coisa não deu muito certo, e Hervé foi atacado pelo batismo que fez. Adrià se rebelou contra este rótulo, criticando-o duramente, pois parecia que a "camisola" tecnoemocional lhe caía melhor.

Por isso é tão importante o gesto de Hervé, defendendo agora a plataforma dos chefs que se colocam na perspectiva inovadora contra os ataques "reacionários": trata-se apenas de honestidade intelectual.

A DIFICULDADE COM A ARTE CULINÁRIA

A dificuldade com a arte culinária é enorme. É claro que ela nasceu com o sentido de "ofício", como eram ofícios as atividades dos pintores célebres. E por alguma razão, difícil de saber, essa "arte" foi aproximada das artes plásticas. O próprio Carême fez isso. Ele via a pâtisserie como um ramo da arquitetura. E quando os irmãos Troisgros começaram a mandar comida empratada da cozinha, nos anos 1970, abriu-se, de novo, um terreno de desenvolvimento escultório da comida.

Não consigo ver o desenvolvimento do "espumismo" de origem catalã sem referência a esta história. O mesmo em relação à "crise do suporte" (*sic*): o prato. Por isso, parece, têm razão críticos de arte quando dizem que a gastronomia não é uma arte porque não possui objeto próprio.

Sem prejuízo da análise da arte decorativa à mesa, é preciso avançar. E não vejo outro caminho senão aquele indicado por Hervé This no livro *La Cuisine: c'est de l'amour, de l'art, de la techinique*. Sua tese, visando superar o reducionismo visual, é que a estética culinária ou está no conjunto de percepções suscitadas pelos alimentos ou não está em parte alguma. Inclusive a percepção subjetiva. Esta, por sua vez, nasce da simpatia que sentimos uns pelos outros e que nos faz animais sociais.

A tese da simpatia, aliás, não é dele. É de Darwin, em *The descent of man* (1871), livro que a maioria das pessoas acha, equivocadamente, que é uma aplicação da teoria da seleção natural ao homem. Ao contrário, leituras recentes mostram que ali está uma antropologia original. Embora não faça a relação direta com essa obra, Hervé This desenvolve sua ideia central aplicando-a à alimentação.

Em síntese, é a seguinte: a civilização nasce da evolução do instinto social, quando a divisão sexual do trabalho nos torna dependentes uns dos outros (inicialmente no cuidado prolongado da cria). Esse instinto social exige que o animal se arrisque, corra perigo pelos outros. Esse altruísmo (que Darwin chama "simpatia") é reforçado pelo grupo, em detrimento dos comportamentos egoístas. Nele se baseia o desenvolvimento de conhecimentos e técnicas que resultam, por exemplo, na medicina – que protege os fracos frente à "seleção natural". O instinto social é um "comportamento antisselecionista", ou a reversão da seleção natural.

Cozinhar, diz This, é sempre "cozinhar para o outro", motivado pela simpatia. Não temos o instinto de tomar a cozinha como algo egoísta. Não estamos sós ao cozinhar ou comer. Este vínculo simpático que se cria ao cozinhar para o outro – o que Hervé chama de amor – seria a base da compreensão da cozinha como arte, pois é nesse plano que alguém pode expressar sentimentos, inclusive estéticos, como algo vinculante. É, sem dúvida, um novo ponto de partida. Não sei se resolve o reclamo dos críticos de arte, nem no que vai dar a médio prazo.

NEM TUDO É BELO NA GASTRONOMIA

O aprendizado de um ofício tem lá seus rituais. O cozinheiro do Antigo Regime era um sujeito que aprendia a profissão nas guildas, trabalhando depois nas casas dos nobres. Pouca coisa se podia comercializar diretamente, na rua. Com a Revolução Francesa, esse quadro mudou, estabelecendo-se a liberdade comercial. Mas o que mudou dentro das cozinhas?

O mito do "grand chef" burguês, que começou com Carême, logo se propagou como ideal e modelo de sucesso profissional. Afinal, ele, de criança abandonada, tornou-se o "cozinheiro dos reis e rei dos cozinheiros". O protótipo do *self-made man* da cozinha de todos os tempos. Carême organizou a cozinha como uma brigada guerreira. O "chef" é o general de exército. Daí criou-se a convicção de que, para ser chef, é preciso primeiro obedecer e, nesse período, aprender a mandar e a cozinhar.

Mas o princípio da formação baseada no reconhecimento da desigualdade de conhecimentos, fundamento da hierarquia, continua, ainda hoje, a presidir a formação dos novos profissionais de cozinha – apesar do quanto aprendem em escolas de gastronomia.

Diante de um chef reconhecido pelo mercado, a bagagem cultural dos futuros profissionais vale nada ou quase nada. A figura do "estagiário" é central nas cozinhas dos restaurantes. Aos ex-alunos das escolas falta a "prática", e eles estão dispostos a tudo para adquiri-la. Um verdadeiro mercado de "estágios" se organiza à margem dos restaurantes, onde o valor de cada estágio não é dado pelo saber culinário do chef, mas pelo sucesso comercial do seu empreendimento.

A necessidade dos jovens exibirem nos currículos uma lista ampla de "estágios" em restaurantes reconhecidos – para que, num mercado competitivo, tenham maiores chances de emprego – acaba por criar uma casta de verdadeiros escravos da cozinha. Além, é claro, de um mercado de favores. Nos melhores restaurantes da Europa, dos EUA ou do Brasil é assim que funciona: trabalham de graça, em geral por um curto período que atinge no máximo três meses, e seguem para outros estágios. Uma enorme rotatividade de mão de obra e, no final dessa corrida, a exibição das "medalhas" amealhadas.

Os chefs, por sua vez, têm convicção de que estão fazendo um grande favor para esses jovens. Este é um ponto de vista.

Mas há outros possíveis. Os jovens se portam como "escravos da profissão" e, para torná-la suportável, até com alegria, revestem o trabalho do sentido de "missão". Os chefs se "sacrificam" para ensinar.

O resultado é uma parcela considerável e permanente de mão de obra gratuita e de grande rotatividade. Quando surge alguém que se destaca, é logo contratado. Mas os "escravos" às vezes superam 30% da força de trabalho. A mão de obra gratuita baixa o preço do produto e, na ponta, o cliente também se beneficia, muitas vezes sem saber, dessa escravidão na cozinha. A ideia de "sustentabilidade", que sempre parece tão nobre, não precisa incluir as relações sociais por trás da produção gastronômica?

REVISTAS DE GASTRONOMIA: A FILOSOFIA DA CELEBRAÇÃO

Já que estamos falando sobre revistas de gastronomia, vamos avançar um pouco. Uma limitação que sempre sinto nelas é de foco. Celebram receitas, chefs dos restaurantes e produtos; não raro incluem também módulos informativos, que deixam de ser importantes na medida em que as informações estão mais e mais disponíveis na web. Não vão além disso.

Seu papel primordial poderia ser outro. Analisar as tendências, antecipar o que está acontecendo, mostrar os rumos. Desvendar os processos de trabalho e situá-los na gama de possibilidades que o crescente domínio técnico em gastronomia propicia. Nem sempre ocorre isso.

A palavra celebração resume a atitude editorial. Ela é visível no esforço de endeusamento dos chefs, projetando-os como principais artífices da cultura culinária; no elogio da estética construtiva nos pratos (e dá-lhe fotos coloridas de montículos de comida); de alguns ingredientes que, como bolas da vez, parecem mais "nobres" do que os infinitos ingredientes sobre os quais se silencia.

Na sua trajetória, épocas históricas são visíveis. Elas ensaiaram a feição atual com a nouvelle cuisine. Naquele contexto era necessário endeusar os franceses "civilizadores" que nos chegavam, a mando de chefs estrelados d'além-mar. Era preciso frisar a dinastia a que pertenciam. Então, nada melhor que expor as receitas, os cacoetes franceses e suas adaptações tropicais. Os ingredientes estavam em fase de substituição de importações. Depois, veio a época dos chefs nacionais e uma nova onda de celebração. Essa tendência foi se maximizando, e não havia chefs em quantidade que ostentassem a fama dos primeiros.

Então, começaram a surgir os chefs da periferia do sistema. Desde a Vila Guilherme aos cafundós de Minas, Bahia etc. E o conceito entrou em crise. Daí vieram os receituários tradicionais recortados por uma vaga ideia de terroir e, depois deles, finalmente, a era dos ingredientes. Mesmo aqueles chefs que celebravam a ortodoxia nas receitas, acordaram para a liberdade dos ingredientes. E vieram as inovações em torno das tradições nacionais, muito a reboque das influências de Adrià e dos outros espanhóis. Hoje, falar em receitas tradicionais ficou *démodé*. Melhor "inventar". Mas as formas das invenções também seguem suas modas. Hoje, temaki. Há temaki de tudo. Amanhã, descobrirão a China e um novo ciclo inventivo se imporá. E descobrirão o Brasil! As farinhas, por exemplo, virão em enxurradas. Gente que nunca comeu farinha irá quebrar a cabeça para classificá-las e entendê-las.

As modas se sucedem e é natural que seja assim. Não leva a nada discutir se as revistas "seguem", "difundem" ou "criam" modas. O mais relevante é que, na política de celebração, vivem fracionando o processo culinário e dificultando sua intelecção. Me explico: se deixarmos de lado por um momento os chefs, as receitas e a celebração de certos ingredientes (não importa se foie gras ou farinha dita "ovinha"), veremos que a culinária é um empreendimento coletivo, complexo, que vincula a terra, o trabalho e o consumo urbano.

Conheço chefs que não sabem comprar frutas na feira. Nem por isso deixam de ser celebrados nas revistas especializadas como jovens "modernos", tatuados e charmosos. Mas nos seus restaurantes só se come abacaxi, melão, mamão e manga como "frutas da estação" em qualquer estação. Há uma tendência muito forte de só "criarem" a partir do que chega à porta dos restaurantes. Dar uma nova embalagem para a Nutella, por exemplo. A antigastronomia se propaga como expediente empobrecedor do comer moderno. Entendo que as revistas não deviam celebrar a preguiça, como nesses exemplos. E o que deveriam celebrar, se é de sua natureza celebrar?

Num esforço editorial de natureza pedagógica, deveriam recriar o ciclo da gastronomia: rastrear os ingredientes e produtos, as suas formas de manipulação e conservação – antes do restaurante e dentro dele – e se dar conta de que o agricultor, o pescador, o comerciante, os trabalhadores da cozinha, os garçons e o chef são, igualmente, responsáveis pelo resultado que chega à mesa do cliente.

Os grandes chefs internacionais já acordaram para isso. Quando falam em "sustentabilidade" estão se referindo à responsabilidade disseminada por toda a cadeia do produto que se transforma em matéria-prima nos restaurantes.

Quanto tempo leva um peixe pescado no sul da Bahia para chegar à mesa do restaurante paulistano? Por que os chefs ainda compram peixes em tamanhos que são vedados para a pesca? Por que não se estuda o que realmente se passa com os salmões de granja e a resistência das autoridades sanitárias norte-americanas em relação ao consumo desses pobres animais?

Só a diretriz editorial de uma revista de gastronomia pode criar o estímulo/desestímulo a essas práticas, pois ela está a meio caminho entre a consciência do chef e a consciência do consumidor. Se não se posiciona, estimula a mesmice – mesmo quando "criminosa".

Mas as revistas, assim como os chefs, se metem nos atoleiros que são expressões como "orgânico", "natural" e coisas assim.

Não dizem nada. São mistificações novas que escondem velhos problemas.

É claro que o papel educador da revista contrasta com a sua função de mero catálogo de produtos de consumo alimentar. Hoje a "pedagogia" das revistas é a mais rebaixada possível: acreditam que o público leitor só quer receitas, aprender a fazer algo.

Não existe uma revista distinta no mercado brasileiro, embora exista nos mercados francês, italiano, espanhol e norte-americano. É uma lacuna que precisa ser preenchida e o modo mais fácil seria a conversão das atuais revistas a uma nova diretriz. Claro, poderá surgir em algum momento uma revista-conceito, algo diferenciado. Mas a lacuna é bem maior do que uma simples publicação pode suprir.

Necessitamos de uma nova cultura, uma revisão profunda da política editorial das revistas de gastronomia – caso queiram influir na criação do futuro. Se abdicarem disso, outros desempenharão esse papel.

OS ENOCHATOS

Tenho o maior respeito pelos chatos, que também são seres humanos (*sic*). Josimar escreveu um post no seu blog, sugerindo que deixemos de chatear os enochatos. Me chateei com o post, pois gosto de chatear os enochatos. Me explico.

Os chatos de todos os tipos são como Josimar sugere: pessoas sem educação, que interrompem a fala alheia, falam muito etc. Mas, do ponto de vista científico, precisamos atingir a especificidade do enochato, e o *Tratado geral dos chatos* era muito genérico sobre esse tipo novo.

No livro, ele estava diluído nos chatos etílicos que, para Guilherme Figueiredo, "têm trajetória decrescente: começam num estágio de melancolia dócil, reclamando da vida, passam por momentos de agressividade, quando qualquer coisa é motivo para briga, e terminam em derrocada total, vomitando na piscina da sua casa".

O enochato é um cara exclusivamente de salão, raramente chegando ao estágio-piscina. A enologia é, conforme especialistas, uma das tantas formas de deslocar a discussão sobre alcoolismo para o terreno da estética. A estética é disciplina de salão, não de piscina ou sauna.

Para circular bem no salão, o enochato inventou uma linguagem complexa. A nomenclatura utilizada atualmente na análise sensorial dos vinhos é copiosa e pouco precisa e, portanto, de difícil interpretação. Isso torna o enochato um explicador nato. As expressões qualitativas das diferentes sensações são praticamente irreprodutíveis, mas o enochato insiste. Na falta de padrões de referência precisos e diante das falhas técnicas, o enochato procura o seu caminho particular.

O enochato, enfim, é aquela classe singular de chato que entende que sua experiência pessoal é suficiente para iluminar a compreensão do mundo. Ele escolhe descritores de vinhos que dizem respeito à sua experiência única, à sua *gestalt*, imaginando que todo mudo tenha tido uma vida semelhante à sua.

Quando ele fala "cheiro de raposa molhada", de "couro velho da Rússia" ou "pedra de fuzil" imagina que você, como ele em imaginação, já esteve num campo de caça inglês, colhendo a sua raposa do chão ainda orvalhada; esteve nos curtumes russos ou lutou nalguma guerra antiga. Em geral, o enochato "emprega mais tempo descrevendo e justificando os termos utilizados do que comentando o próprio vinho", diz o grande especialista em percepção sensorial Alain Razungles – que acha que esse vocabulário deve ser atualizado, refletindo odores contemporâneos e evitando parâmetros tão idiossincráticos como os utilizados pelos enochatos.

Bem, esse papo já vai ficando chato em si. Quem quiser se aprofundar pode ler o texto disponível na web: A. Razungles e P. Bidan, *Reflexiones sobre la degustación: la necesaria estandarización de los descriptores en el análisis sensorial de los vinos.*

PARA ONDE FRANÇOIS SIMON QUER NOS LEVAR?

François Simon é um crítico temido por não ter papas na língua. *Para onde foram os chefs?*[3] é um livrinho de desabafos. Muito bom para quem gosta de analisar o papel da crítica diante da cena gastronômica.

Sua tese é curiosa: a gastronomia conseguiu provar que "podia se autodestruir". Como ela conseguiu? De várias maneiras, sendo as principais: o chef se tornou um personagem midiático; ele nunca está à frente do seu restaurante, pois virou um *globetrotter*, com interesses em várias partes do mundo; passou a adotar largamente a prática da imitação etc.

Simon acha que a desgraça começou com Paul Bocuse, o primeiro midiático itinerante. E embora ele abra uma exceção para o trabalho de Adrià, entende que seu impacto sobre a culinária francesa foi arrasador e nefasto, pois todo mundo passou a copiá-lo. Da nova tendência, na França, Simon só salva Pierre Gagnaire. Hervé This? Ah, é um "engenheiro" esperto...

Simon, como crítico, se coloca como o antípoda intelectual de Rafael García Santos: ele quer a permanência onde García Santos vê com entusiasmo a mudança.

Mas há passagens muito lúcidas no livro. A crítica ao papel da imprensa, muitas vezes reduzida pelos próprios chefs à condição de mais um "fornecedor" do restaurante; a identificação daquilo que já não aguentamos mais (garçons em recitações intermináveis, sommeliers cochichando no seu ouvido, entradinhas quase pornográficas); a elitização via preços; a escravidão a que são submetidos os estagiários nos restaurantes, e assim por diante.

Simon deposita suas esperanças na retomada do modelo dos velhos bistrôs e no discurso moderno do slow food; ou seja, um

---

3. François Simon, *Para onde foram os chefs?* São Paulo: Senac, 2010.

passo atrás no caminho das inovações. Se García Santos faz o elogio incondicional do novo, do experimental, Simon faz do que é sólido e bem-feito, mesmo se convencional.

Ele parece nos dizer: olha, é melhor ser reacionário do que arriscar. E estamos exaustos dos riscos que levam a nada. Em vez de tentativa e erro, apostemos no seguro. A gastronomia se tornou "uma vaca cansada que vê os trens passar (*sic*)".

Não sei se posso concordar com isso. E não consigo distinguir com clareza se Simon gostaria de salvar os chefs do atoleiro em que se meteram ou um púbico em nome do qual parece falar e que já não quer tanta novidade. Um público que, sugere em algumas passagens, já não frequenta esses restaurantes como antes. Então fica a impressão de que quer mesmo é salvar os chefs ou uma abstrata "gastronomia".

O certo é que existe um viés nacionalista em sua fala. Ele fala da França e, em especial, do cenário parisiense. Mas, afinal de contas, de uma perspectiva cosmopolita, o que nos importa se a deusa da criatividade abandonou os chefs franceses em busca de novas moradas, em outros países? Por que teríamos que nos comover com a mediocrização da cultura gastronômica na França? Talvez essa seja apenas a dor de quem percebe que o mundo ficou multifocal, não existindo mais uma capital gastronômica como no passado.

Mas Simon tem consciência de que a crise é da "alta cozinha" na França. A "alta cozinha", além de um *corpus* de receitas de natureza histórica, é uma prática de criação e inovação. Ela é o domínio dos chamados "grandes chefs" e só se mantém por meio de renovações periódicas bem-sucedidas. Diferentemente da "cozinha burguesa", que é o domínio dos bistrôs, na qual o importante é sempre reconhecer uma boa dose de fidelidade à tradição.

Por isso, penso que não se pode dizer que o futuro da gastronomia se apoie no atual dinamismo dos bistrôs, como Simon sugere. Seria renunciar à alta cozinha. É preciso refletir sobre os rumos da alta gastronomia, pensar em como sairá da crise atual que Simon, com acuidade, aponta. Talvez não haja saída mesmo, e estejamos vivendo seu melancólico fim.

Em segundo lugar, essa cozinha é imitada no exterior. Sempre foi assim. Pois bem, os grandes chefs peregrinos, saibam ou não, trabalham para essa cozinha; não mais exclusivamente para a haute cuisine francesa. E isso é tão importante para a política cultural francesa! Mais do que hoje faz por ela a Alliance Française. Não se fala mais francês, mas ainda se come "à francesa" no mundo todo.

E a curiosidade dos asiáticos, por exemplo, é perfeitamente compreensível. No tempo em que Paris era a capital do século XIX eles eram... colônias. Agora vão à forra, pois o dinheiro está em suas mãos. Querem o melhor, ou o que pensam que é o melhor.

Mas o que mais me intriga é o horror do autor à imitação ou cópia no domínio da alta cozinha. Em *Comer é um sentimento* (Senac, 2006), ele já havia dito que a cozinha muda lentamente porque muito se copia, e sugeria ao leitor ser inventivo. Agora, sua implicância com a cópia parece aumentar. Mas, afinal de contas, como ele pensa que a cultura gastronômica pode se renovar, senão pela imitação? Deve-se, aliás, a um francês, fundador da sociologia – Gabriel Tarde –, a teoria sobre as "leis da imitação" (*Les lois de l'imitation*, 1890) e a difusão das inovações. A imitação não é apenas permanência, é um movimento dinâmico da sociedade.

Esse tema foi retomado modernamente pela "memética", que se pretende instituir como uma ciência da comunicação. Eu mesmo, em *A culinária materialista*, fiz um exercício de aplicação dessa teoria à difusão das receitas.

O fato é que a gastronomia tornou-se um tema forte das novas mídias e sua forma de difusão virou espetacular: programas de TV, sites e blogs, aulas e *workshops* em congressos, lançamentos de produtos com a marca dos chefs, e assim por diante. Enfim, tornaram-se vendedores de uma nova cultura alimentar, gostemos ou não dela.

A volta ao artesanato e ao conforto dos bistrôs – coisas diferentes, aliás – pode ser algo a se prescrever àqueles que se cansaram de tanto espetáculo. Mas isso só por um tempo: até que a haute cuisine tome fôlego e retorne triunfante. Ou, de fato, vivemos o fim desse modo burguês de comer – o "principado barroco", como Simon diz? Sem dúvida ele nos deve o prosseguimento do seu raciocínio sempre instigante.

O PROVINCIANISMO UNIVERSALISTA DO PAULISTANO

Boa parte dos restaurantes que fazem a atração culinária de uma metrópole como São Paulo procura reproduzir um tipo de culinária estrangeira. No passado, eram frequentes os "italianos", os "franceses", os "árabes", os "espanhóis antigos"; depois, vieram os "japoneses" e, hoje, os "espanhóis modernos" e os "tailandeses".

É uma variedade muito pequena, se comparada com outras metrópoles, como Nova York ou Paris. Não temos vietnamitas, nem húngaros, tampouco tunisianos, indianos com a profusão popular que se encontra em Londres, e assim por diante. De fato, o cosmopolitismo do paulistano não é lá essas coisas, pois depende da existência, no país, de uma forte comunidade estrangeira dessa ou daquela procedência e, sabemos, esse nosso estoque é mais limitado do que das outras metrópoles citadas.

No entanto, gostamos do mito de que São Paulo é a metrópole gastronômica do mundo pela sua variedade. Mas nós, que não somos funcionários da Paulistur, precisamos pensar mais criticamente. Talvez o nosso apego ao valor da diversidade se deva ao fato de, em nossa história, termos abandonado a cozinha "de raiz" do estado de São Paulo. Deixamos que, em boa parte, Minas se apropriasse dela, e o resto simplesmente sufocamos. E diante do que restou como a nossa "identidade metropolitana" temos percepções diversas.

Gostamos do "tradicionalismo" árabe e chinês, mas cobramos modernizações dos italianos, franceses, espanhóis e até dos japoneses. Acreditamos, por exemplo, que exista uma "alta cozinha japonesa" – coisa de que discorda a maioria dos sushimen. Como os espanhóis, descartamos a culinária exclusiva da paella e do jamón para, em seu lugar, celebrarmos com entusiasmo a riqueza e diversidade daquele país. Em relação aos chineses, que têm uma diversidade maior ainda, nem sequer os tiramos do gueto da Liberdade para nos darmos conta de que a cozinha cantonesa talvez possa ser a menos interessante, do ponto de vista de nossas papilas. Afinal, quem estaria disposto a se despir de preconceitos e comer uma sopa de bucho de peixe?

Também inventamos coisas incríveis como uma Tailândia da qual nada conhecemos, mas que imaginamos embebida em coco, gengibre, pimenta e capim-limão. E acolhemos de muito bom grado um Japão que nos vem da Califórnia, imaginando que no Japão seja assim mesmo.

Nesse trabalho imaginativo, acreditamos que os mares e rios sejam povoados apenas por salmões, robalos, bacalhau, polvo e vôngole. Por isso, por essa pobreza, nos conformamos com o fato de se repetirem em qualquer culinária. Mesmo onde, originalmente, não há.

Mas não admitimos que um quibe seja diferente daquele do boteco da esquina. Não admitimos que o arroz do risoto não seja "al dente". Nem que falte o crème brûlée nos franceses. Acreditamos que em Parma se coma bife à parmegiana ao menos uma vez por semana; que aquele polpetone de certo restaurante seja a comida dos deuses em dia de fuzarca; que a velha Itália seja povoada de braciola, em vez de verduras refogadas ou recheadas; que o creme de leite chegou para modernizar as velhas cantinas, e assim por diante.

Somos uma cidade curiosa: copiamos modificando, mas achamos que copiamos autenticamente; comemos em países imaginários e somos pobres em variedade, visto o mundo em sua amplidão, mas achamos que, internamente, contemos o mundo. Somos os provincianos mais universalistas, ou os metropolitanos mais provincianos.

VEGETARIANISMO MILITANTE

Gourmets e gourmands em geral não gostam de vegetarianos. Também, pudera, a espécie humana levou milênios para se tornar onívora e isso significou a sua chance de sobrevivência. Se não fosse o carnivorismo, não teria desenvolvido o seu cérebro como o fez.

No polo oposto, os vegetarianos parecem cindir a natureza ao meio: a natureza "do bem" e aquela "do mal". Ela se constrói ideologicamente pela "humanização" dos animais, estigmatizando aqueles que os tomam por alimento. O antigo *it*, que era reservado para eles na língua inglesa, foi substituído por *he* ou *she* – em resumo, a natureza é representada como um imenso zoológico "pet". Daí decorre o antagonismo. Na outra ponta, vislumbra-se um jardim botânico comestível.

O gosto e o afeto caminham juntos no seio da nutrição, e o território do comestível se estreita na razão inversa da querência. Os vegetarianos se irmanam aos animais na luta pela sobrevivência que recai, com voracidade, sobre o mundo vegetal. De fato, eles recusam o monismo, que não vê sentido na separação entre espírito e matéria. Postando-se do lado do "espírito", não suportam o "sofrimento" dos gansos em *gavage*, que lhes parece mais terrível do que picar um alho-porro.

Ao voltarem as costas para o mundo animal, parece não lhes dizer respeito a degradação de espécies domésticas como o salmão ou o frango. Preferem guardar suas energias para celebrar o orgânico, o sustentável ou seja lá o que for que reforce sua opção pelo vegetal.

Mas o mundo é terrível, e tudo se deteriora sob a égide do capitalismo. Mais e mais aparecem notícias de que quantidades crescentes de celulose têm sido adicionadas aos produtos orgânicos de prateleira. Mais e mais se constata que comerciantes de orgânicos silenciam sobre a presença de transgênicos em suas elaborações. Heróis tornam-se vilões, e o mundo putrefato do capitalismo vai se impondo por dentro das sementes desse jardim botânico comestível.

Mas o aspecto religioso dessa opção só amplia o rol de problemas a lidar para se manter a pureza da "natureza natural" (*sic*). O hipernaturalismo vegetariano é, antes de ser um modo de comer, uma causa.

Prefiro ainda a visão ingênua do mundo vegetal, como nos legou a nouvelle cuisine, como fonte de prazeres aos quais atentar. Já tratei da visão de Roger Vergé sobre isso. Poderíamos acrescentar Georges Blanc e tantos outros. Em todos eles, e antes da "militância verde", a natureza é una e os prazeres ao comer podem nos chegar de qualquer parte.

A GASTRONOMIA COMO ARTE DA SEDUÇÃO

No que consiste bem manipular uma yanagiba (faca japonesa, comprida e com ponta fina, de Kansai, região de Osaka) ou uma takohiki (faca retangular, de Kantô, região de Tóquio), própria para descascar e cortar legumes? Segundo Shin Koike: "Uma faca japonesa exige uma formação muito específica para o seu manuseio". E podemos imaginar que essa formação signifique empenhar certos músculos, dosar a força, sequenciar gestos, de modo a obter um resultado conhecido, descrito nos detalhes como "perfeito", talvez consagrado pela tradição e repetindo ao infinito um mesmo resultado.

Agora, imagine que esta integração da ferramenta ao corpo, criando um *continuum* que vá da ideia ao produto final, é apenas o começo, pois há que inscrever uma *intenção* pessoal qualquer no produto final. Esta intenção é um propósito, uma variação do padrão que expresse um desejo do artesão, seja por motivos estético-visuais, seja por motivos gustativos.

Quando se cozinha *para o outro*, temos maior sucesso se soubermos o seu gosto e perícia técnica para chegar a ele. Um simples ovo frito, por exemplo, e o ponto da gema. As mães são mestras nessa perícia, fazendo o ovo segundo o gosto dos filhos. As teorizações sobre isso limitam-se a falar em "cozinhar com amor", mas o que pensar quando ouvimos dizer que a culinária é uma arte?

Não é possível falar em "cozinhar com amor" para um grande público, simplesmente porque aquele encontro de subjetividades que se dá na cozinha doméstica não funciona em escala maior, tantas são as idiossincrasias pessoais.

Aqueles que advogam que a culinária é uma arte sempre o fazem por um raciocínio analógico. Ressaltam sua teatralidade, o *décor*, e assim por diante. Não existe, constituída, uma teoria da *arte gustativa*, isto é, daquele arrebatamento eventualmente provocado a partir, e exclusivamente, do sentido do paladar. Talvez um caminho mais promissor seja entender a gastronomia como uma "arte de sedução".

Savarin havia intuído isso quando discorreu sobre o "sentido genésico". Este sentido, muitas vezes confundido com o tato, é o mesmo que orienta o amor físico e impele os sexos um para o outro, sendo a sua *finalidade* (inscrita por Deus na natureza humana) a reprodução da espécie. Ora, a reprodução da espécie e do indivíduo formam uma coisa só; a do indivíduo através da sua nutrição, a da espécie através da cópula. O que nos move em direção ao sexo e ao comer é o prazer, a busca do agradável, e este é o "sentido" muito especial que ele pretende indicar como responsável pela gastronomia.

O sentido genésico reside tanto na boca como no tato e nos olhos, ele é o "lugar sensual". O singular dele é que cada sexo tem tudo para experimentar a sensação, mas é necessário que os dois sexos se encontrem para atingir o objetivo a que a natureza se propôs: a conservação da espécie. Do mesmo modo, precisamos nos encontrar com o alimento para nos reproduzirmos como indivíduos, e isso se dá por dois caminhos: a) pelo prazer; b) pela dor. A dor resulta da fome; o prazer tem seu próprio caminho. Nessa concepção, temos que a gastronomia é a busca do prazer ao comer, como o coquetismo é a busca da cópula.

Evidentemente a oferta do prazer, como promessa, desencadeia uma série de gestos socialmente reconhecidos, que resultam na *aquiescência do outro*. Assim, o sexo e a gastronomia possuem em comum essa entrega consentida.

Mais uma vez é fácil entender essa *entrega consentida* no plano doméstico, e mais difícil compreendê-la num restaurante, por exemplo. É claro que o cliente pode se dirigir a ele já movido pelo espírito de entrega ou sujeição a um chef renomado. Mas essa é uma situação excepcional.

É difícil compreender a "arte da sedução" num sentido amplo. Cada cultura elabora seus próprios códigos de sedução, mas se eles são mais visíveis no ritual amoroso, são pouco visíveis no ritual gastronômico, escondidos que estão na diretriz nutricional – no "matar a fome" – que responde pela grande maioria das aproximações do alimento.

Mas sem dúvida é preciso resolver isso – entender melhor o caminho da sedução alimentar – antes de afirmarmos peremptoriamente que a gastronomia é uma "arte". Entender que a *intenção* da sedução nem sempre trilha o caminho do *pathos*, do estranhamento; entender que o acolhimento conformado, conformista, também pode ter um sentido sedutor e assim por diante...

Os ecochatos e chatos de castas aparentadas terão que fazer cinco dias de dieta por semana, prescrita pela Palmirinha.

ENTRE O SABOR E A TÉCNICA

A cozinha de vanguarda foi aquela que, em meio à tradição, abraçou as inovações tecnológicas, muitas delas já em uso pela indústria, e avançou rompendo cânones. Conquistou coisas incríveis e estacionou. Deixou, sem querer, de ser "de vanguarda". Virou apenas cozinha contemporânea. Não é demérito, mas não é vanguarda. Foi isso que eu quis dizer ao falar dos "órfãos de Adrià" quando ele fechou o El Bulli.

A inovação é um valor da cultura atual, independente dos impasses tecnológicos e, por isso, muitos persistem procurando caminhos inovadores. Só os conformados fazem a "volta à tradição". Não, a ela não se volta, pois sempre esteve aí, paralela e para quem gosta. Isso não está em discussão. A tradição, no máximo, se "revisita" quando se quer inovar. E a revisitação precisa ser vigorosa para ser convincente. Não adianta substituir a mandioca pela batata-doce no escondidinho. Talvez seja uma boa ideia, mas não uma solução.

A nova corrida aos ingredientes – diferente daquela da nouvelle cuisine – mostra o impasse em toda sua extensão. A inovação assume a forma de pesquisa botânica ou coisa semelhante, tenha ela partido de onde for. A signature cuisine só pode ser aquele percurso singular de um chef qualquer, nunca uma "tendência", pois eles procuram se diferenciar no terreno mesmo do que buscam: os ingredientes. Formigas, tubérculos, vermes, tudo vem à mesa num show único. Claro, há muita redundância, e ninguém aguenta mais barriga de porco cozida em baixa temperatura.

Essa encruzilhada caracteriza o momento vivido por restaurantes brasileiros e estrangeiros que perseguem propósitos vanguardistas. Deveremos observar vários nos próximos tempos para ver como cada um resolve esse dilema, pois a inovação está no pé dos craques que os dirigem. Observarei o Soeta, o Oro, o Lasai, o Èpice, o Manu, e outros que ainda nem surgiram, como o Tuju, pois acredito que estão posicionados no cruzamento por onde passa a estrada a seguir. Chefs da nova geração como Raphael Despirite, Thomas Troisgros e Felipe Rameh também compõem essa brigada. Do trabalho desse conjunto dependerá a inflexão da cozinha brasileira.

Eles precisam olhar o que Alex Atala e Helena Rizzo já fizeram para poderem avançar, distanciando-se dessas soluções tão felizes. São todos cozinheiros que dominam o repertório técnico moderno de forma impecável, mas isso só não basta. Talvez seja o momento de erigir novos "discursos" ("propostas" ou coisa assim), sabendo que a cozinha brasileira renovada será o resultado de múltiplos esforços, mesmo que isolados. Em algum momento nós, captando sinais aqui e ali, consolidaremos em nossas mentes o conceito que buscamos: a cozinha brasileira moderna, renovada, vigorosa, que o tempo só fortalece.

A EDUCAÇÃO GASTRONÔMICA DO NARIZ

Já sabemos que a apreciação gastronômica envolve todos os sentidos, e que a antiga exclusividade do paladar revelava um desconhecimento de como, de fato, funciona a totalidade da fisiologia humana. Mas tanto tempo de tratamento parcial nos fez afastar a questão de como se dá a educação do nariz ou do tato (este, ainda mais complexo). Salvo raras exceções – como a fumaça do carvão – pensamos gastronomicamente no comer sem o cheirar, embora o aroma esteja lá. Conhecemos a mecânica da oposição dos sabores (doce, amargo, salgado, azedo, umami), construímos pratos sobre essa (fisio)lógica, mas o que dizer dos aromas?

Sabemos que o olfato dos animais é crucial na reprodução, pois permite identificar o cio da fêmea. Quando o homem se tornou bípede, perdeu essa qualidade, mas a seleção natural e a cultura acabaram por solucionar a questão de outras maneiras. É razoável dizer que a cultura do olfato está baseada nesse hiato natural.

Num certo sentido, a culinária vive uma espécie de síndrome de Justiniano II, último imperador bizantino, conhecido como Rinotmetos ("o do nariz cortado"), que impunha igual suplício aos inimigos. Há também, na literatura, o personagem imortal de Cervantes, o escudeiro Tomé Cecial, *el desnarigado*, que usava máscara com nariz de madeira, conforme foi representado por Gustave Doré. O nariz parece gastronomicamente desnecessário, a ponto de o atual culto aos ingredientes não se preocupar em listar as sutilezas de aroma das coisas comestíveis.

A vida urbana afasta os narizes dos cheiros da ruralidade, mas a cultura culinária recente, contraditoriamente, quer se aproximar do produtor, dos processos de produção artesanal, enfim, da "vida no campo". Esse movimento, mais simbólico do que qualquer outra coisa, raramente consegue ultrapassar o hiato dos cheiros. É difícil encontrar alguém "urbano" que aprecie, por exemplo, o cheiro de jatobá. Aquele "cheiro de chulé" que qualquer menino do interior aceita de bom grado quando tem contato com a sua farinha verde que gruda na boca, formando uma pasta que é preciso soltar com os dedos, chupá-los para voltar a comer, como se tivéssemos um segundo estômago na boca, à maneira dos bovinos. O jatobá é estranho. Estranhamente bom.

É estranho também ao urbanita o cheiro do morango silvestre. Em testes feitos, fica claro que o aroma artificial do morango é mais facilmente reconhecível do que o aroma natural do morango. O aroma artificial que mais se vende é o do morango. Até na intimidade feminina ele pode aparecer, por conta do raciocínio higienista que hoje a governa. Mulheres com cheiro de moranguinho fazem parte da fantasia feminina ou masculina? Seja como for, expressam uma modalidade olfativa de repulsa ao sexo.

A ligação entre sexualidade e comida foi explorada por diversos autores. Mais raras são aquelas que se estabelecem entre aromas comestíveis e sexualidade, mas nunca é demais observar que Brillat-Savarin apontava a descoberta da baunilha como elemento de valorização gastronômica, sendo que tanto a baunilha como o cravo, a canela, o cardamomo e infinitas outras especiarias também são componentes de perfumes. Estes, segundo o mesmo Savarin, foram criados como desenvolvimento do coquetismo, cuja finalidade é aumentar a atração dos sexos. A indústria da perfumaria certamente tem sua ciência voltada para essa finalidade, mas em se tratando de alimentos prevalece o "moranguinho". Há um valor no afastamento dos cheiros do corpo. Sexo, suor, fezes, precisam ser recalcados para que os cheiros da cultura prevaleçam sobre os da natureza humana.

Há, porém, outros caminhos a observar. O nobre espanhol José Ignacio Domecq González, conhecido como *el Nariz*, tornou-se o ícone de Jerez pela sua extrema capacidade de identificar aromas de vinhos e conhaques, o que o ajudou a alavancar sua próspera indústria. Ele encarna esse saber especializado dos que se dedicam à degustação de vinhos e que, em geral, estão atentos aos aromas naturais, inclusive a aromas "complexos" ou compostos, como os que os italianos chamam de sottobosco, conceito relacionado com matérias vegetais em decomposição, terra e cogumelos. Há vinhos que trazem um forte aroma sottobosco.

Um cheiro "complexo" que, para mim, remete ao meio rural brasileiro, é o cheiro de curral. Um misto de bosta de vaca, capim fermentado, leite de vaca na ordenha derramado ainda quente sobre o chão de lama. E a diferença entre "gostar" ou "não gostar" desse cheiro diz respeito à familiaridade precoce com ele. O mesmo poderia ser dito sobre o cheiro do frango caipira: o cheiro de ração animal que o frango de granja tem me causa repulsa. Trata-se de uma espécie de pitiú, como diriam os habitantes da Amazônia, só perceptível para quem comeu na vida mais frango caipira do que de granja.

E há aromas dos quais os brasileiros decididamente não gostam, como o cheiro de anis, embora outros povos (árabes, europeus, asiáticos) o apreciem. Essas diferenças agem como marcadores que definem os contornos do ser "brasileiro", do ser "rural" ou "urbano" e, certamente, diferenças de classes sociais. Alguns cheiros são considerados "cheiros de pobre", como alguns aromas de pimenta, ou de cocção de miúdos. São então chamados de bodum.

Os cheiros são um imenso território a explorar e entender, como os sabores. As fronteiras entre aromas agradáveis e desagradáveis são culturais, históricas e móveis. Mutantes. E é por isso que faz sentido indagar: como se dá a educação do nariz para a gastronomia moderna? Não é possível, por exemplo, cultivar o ideal de "ruralidade", como se os produtos rurais fossem genuinamente inodoros.

Por isso seria bom conhecermos a reflexão dos cozinheiros sobre essa dialética dos sentidos, posta em jogo à mesa. Não só de defumações vive a imaginação humana.

3 CHEFS, CHEFINHOS E CHEFETES

AS FRUTAS E O SUJEITO OCULTO

— Mas agora é época de jabuticaba? — perguntou, surpreso, o chef.

Não é para menos. Essa coisa de "frutas da estação" é invenção da nouvelle cuisine, preocupada com o frescor e a frescura de tudo. Entre nós, "frutas da estação" são os frutos que grassam no solo da preguiça. Solo quase estéril, não dá mais do que quatro frutas na terra em que Caminha dizia que, em se plantando, tudo daria.

O fornecedor-de-tudo-do-Ceasa é o responsável, embora não o culpado. Ele é o sujeito oculto das frases culinárias da restauração paulistana. Qualquer dia do ano trará: abacaxi, mamão, melão e manga. A manga entrou nesse rol há poucos anos. E o abacaxi, que o cliente sempre perguntava "está bom?" (um paradoxo, né? Se é abacaxi, não é bom!), ainda não ganhou a confiança do garçom e mal se vende, apesar da melhoria genética que o tornou menos paradoxal.

O chefinho vai dormir tarde, quando chega ao restaurante já é hora do trampo; então, por que se preocupar em identificar na feira o que a estação realmente nos revela de novo? Liga pro fornecedor e sentencia: "O de sempre!". E, assim, é tudo sempre igual. O chefinho é o culpado.

Pêssegos excelentes, a divina e efêmera jabuticaba, os cajus, as anonáceas (pinha e atemoia, principalmente), as peras, as ameixas, as uvas, os maracujás doces, os cupuaçus, as nêsperas, o umbu, o morango, os cítricos à vontade! Isso sem falar dos figos! E nada... a preguiça não as aproxima do restaurante.

Esse fornecedor-de-tudo é uma peste quando associado ao chefinho preguiçoso. Ele sabe onde comprar, no Ceasa, as frutas mais baratas. Acorda cedo enquanto a preguiça domina. Faz acordo de atacadista e, por isso, tem que derramar aquelas pobres e sempre mesmas frutas por toda parte. Afinal, a moda é o "sustentável", mais que o diverso. Se o chef pede outra coisa, ele encrespa: "Ora, você está muito novidadeiro, vá ao Ceasa então!" Ele faz o cardápio das frutas na maioria dos restaurantes paulistanos, já que o chef só vai ao Ceasa uma vez na vida e não se sabe se irá uma vez na morte.

Em São Paulo, há feiras em profusão, claro. Em Pinheiros, na Vila Nova Conceição, no Pacaembu, em Higienópolis etc. Perto de cada uma, dezenas de restaurantes. E ainda há uma rede de hortifrúti na cidade que se esforça em manter uma boa variedade de frutas. Mas nada, absolutamente nada, é capaz de vencer a preguiça. E tome abacaxi, mamão, manga, melão e, se der sorte, até uma melancia. E é só. Inclusive porque, aparentemente, são produtos mais baratos.

Os chefs de hoje, diferentemente daqueles da nouvelle cuisine, não sabem o valor da diferença, da particularidade, do empenho pessoal em colocar sua marca em tudo, até na seleção de frutas. Acham que cliente é tudo igual, e tratam todos por iguais; assim como são tratados por iguais pelos fornecedores-de-tudo-do-Ceasa. A democracia da mediocridade.

Vivaldi, vivaldino, é que sabia das coisas. Distinguia cada uma das quatro estações e fazia delas uma festa! Que a música inspire a gastronomia do futuro.

CHEFINHOS & CHEFÕES

Chefinhos: são aqueles meninos e meninas (cada vez mais jovens, aliás) que adoram circular pela rua envergando sua roupa de trabalho. Lembram os fuzileiros navais norte-americanos que alegremente passeavam pela Itália depois da libertação. Andavam, gloriosos, sobre os escombros do nazifascismo e sob as saudações das moçoilas sorridentes. Assim se vê nos filmes norte-americanos. Os chefinhos são protagonistas de um filme que imaginam estarmos assistindo. O que sabem fazer não é resultado do aprendizado duro, do estudo, da experimentação. Se veem como dotados de um dom. Ora, o dom é sempre algo de origem divina, que nada tem a ver com o esforço e a dedicação de cada um. Por isso sentem-se à vontade ao rimar pequi com tambaqui e estamos conversados!

Chefões: são os chefinhos crescidos e estabelecidos. Adoram deitar regras para todos. Olham o mundo de braços cruzados, nariz empinado, como encarnações do imperial Paul Bocuse.

Gosto mesmo é daqueles que, em qualquer idade, humildemente, se autodenominam, como Santi Santamaria, cozinheiros. Um ofício secular, que todos estimamos e a que prestamos as devidas homenagens. Homens e mulheres que, diante da natureza e dos fogões, possuem apenas duas mãos e o sentimento do mundo. Alguns cozinham maravilhosamente. Até temos vontade de chamá-los "chefes de cozinha".

(RE)CENTRAÇÃO GASTRONÔMICA

Sigo o trabalho de Talitha Barros há muito. Desde o Sinhá, depois no Mangiare, também nas breves passagens pelo Bravin e pelo Brasil a Gosto e, agora, em sua própria casa, o Conceição Discos.

Cozinheira é uma categoria obscurecida pelo marketing de chefs, chefinhos e chefetes num esforço para provar que são mais do que isso, mas essa onda não esconde o fato de que Talitha é, de verdade, uma das melhores cozinheiras da cidade: aquele tipo de pessoa que, diante do fogão, sabe o que tem que ser feito sem se preocupar com outra coisa. Além disso, se preocupa com outras coisas no Conceição: ela cozinha, serve, cobra a conta. Quem sabe faz, não manda fazer.

Talitha nunca se deu muito bem com patrões, é verdade, mas essa sua insubmissão talvez seja a chave de acesso às suas virtudes. Ela não faz "cozinha dos outros" mas, sim, o que entende ser a tradição, o popular consagrado ou o simplesmente bom – e o faz com mãos de maestrina, introduzindo melhorias aqui e ali. Não duvide você que ela fará a melhor coxinha, a melhor empadinha, o melhor pão de queijo, o melhor frango na grelha, o melhor carbonara e assim por diante. Talitha sempre teve gente para ecoar o seu melhor, de um simples pão de queijo a um carbonara ortodoxo. E como o melhor queremos levar para casa, o Conceição Discos assume a forma de rotisseria.

Outro aspecto notável é que aposta na retomada do centro. Pertinho do pioneiro Cosí, ela dá mais um passo (mais um quarteirão) em direção ao marco zero de São Paulo. Isso é importante porque o gosto anda muito concentrado na cidade. Nos ditos "Jardins", esse lugar onde as pessoas esperam um eterno "venha a nós" da gastronomia, abanando-se com seus cartões de crédito. Gente que acha extraordinário comer farinha ou pimenta; corriqueiro qualquer-coisa com azeite trufado.

O passo que Talitha dá é uma aposta e tanto. O centro foi abandonado à especulação imobiliária que preferiu abrir fronteiras mais distantes antes de requalificar o espaço mais tradicional da cidade, mantido como reserva de valor. A cracolândia é a outra calçada da Berrini, esse império do ar-condicionado, do vidro fumê, da falta de personalidade urbana. Que o sujeito que gosta de comer bem imbique seu carro para o outro lado da cidade é um grande acontecimento.

Descentralização = (re)centração. Talitha aposta não onde a grana passeia pela rua, mas na direção para onde, necessariamente, um dia a cidade moderna crescerá. Antecipa. E isso já é visível pela quantidade de prédios novos que surgem nas imediações.

Mas não espere do Conceição um grande *décor*. É uma coisa simples, talvez um pouco fria, mas correta o suficiente para que possa ofertar a sua comida com conforto. Talitha fará pratos variados para o almoço, como rim e outros miúdos. E talvez esteja horizontalizando uma culinária renovada, num feitio que já teve seus dias de glória e, agora, volta a pipocar aqui e ali. Nada de novo, mas tudo novamente, num lugar que resistiu a várias ondas de transformação urbana. Uma aposta que o leitor deve fazer.

A COMPLACÊNCIA CULINÁRIA

Há uma atitude intelectual bastante complacente com a culinária popular brasileira. A ideia de "autenticidade", por exemplo, expressa essa complacência. Muitos restaurantes de cozinha brasileira, com pegada "tradicional", fazem do culto à autenticidade uma verdadeira religião. Não se propõem como restaurantes modernos, mas verdadeiros museus da comida.

A feijoada, por exemplo, é a maior vítima desse pensamento. Não raro, junto com um pensamento histórico falacioso: trata-se de um tradicional prato de origem colonial, comida de escravos. Pessoas que pensam assim sequer pesquisaram em Câmara Cascudo, que mostra claramente como o prato surgiu no Rio de Janeiro, no final do século XIX, ganhando popularidade nos hotéis e pensões em primeiro lugar.

O excesso de açúcar, o excesso de gordura, a "feiura" de certos pratos são os principais inimigos de sua permanência no presente. Eles precisam ser reformulados, modernizados, mas os "brasilianistas da cozinha" os mantêm intactos, talvez temendo a vingança dos deuses da brasilidade, ou ofender o espírito do "povo".

Rodrigo Oliveira, que não se atemorizou com isso, faz a sua "mocofava", que é um prato totalmente paulistano, reinterpretando elementos da cozinha sertaneja. Alex Atala, que compreendeu o peso dos japoneses na cozinha paulistana, formulou o sorvete de wasabi com jabuticaba. Essas coisas, ninguém duvida, são a nova cozinha brasileira. Assim também os milhos, os quiabos, os chuchus de Roberta Sudbrack. Ou tantas coisas de Helena Rizzo e de Thiago Castanho. Há muita gente por aí que não está no primeiro plano da cena midiática, mas que também faz muita coisa boa a partir de metodologias semelhantes.

É claro que a brasilidade depende de alguma legibilidade, mas é só. Não é preciso entuchar o cliente de referências, especialmente aquelas que hábitos culinários modernos recusam. Essa atitude parece dizer: olha, você deixou o Brasil para trás, traiu sua história. Mas para comer com prazer é preciso deixar a culpa do lado de fora do restaurante.

Um exemplo: existe prato mais feio do que vaca atolada? Não conheço, embora não seja o único prato feio. Aliás, é uma delícia – o que nos faz lamentar ainda mais que seja levado à mesa de maneira tão repulsiva. Me lembra comida de cachorro, como se fazia antes do advento da Purina & que tais.

Desde os anos 1970, os irmãos Troisgros iniciaram uma revolução estética na cozinha ocidental ao servirem, pela primeira vez, a comida já empratada. Isso criou uma superfície nova de trabalho para o cozinheiro – o prato – como um espaço a requerer uma nova ordem estética.

Assim, a vaca atolada, o arroz com suã, a panelada, o sarapatel e uma infinidade de outros pratos esperam por quem se debruce sobre eles, "desconstrua" e "reconstrua", dê novo arranjo no prato, para que possam entrar nos restaurantes da classe média e, conquistando novos adeptos, sobreviver por mais centenas de anos.

A cozinha brasileira, de origem popular, é a única que temos. Precisamos interrogá-la, mexer nos seus elementos, se quisermos uma culinária viva, dinâmica, moderna, legível. Se nos autolimitarmos por preconceitos sobre a estabilidade da tradição popular, no médio prazo não existiremos mais.

A MANTEIGA! DÊ-ME A MANTEIGA! SEMPRE A MANTEIGA!

Fernand Point (1897-1955) – enormíssimo cronópio, como diria Julio Cortázar se referindo a Lezama Lima – é a figura mais enigmática da gastronomia moderna.

Pouco se sabe sobre ele, se comparado com outros chefs célebres. Mais por razões involuntárias que qualquer outra coisa, pois esteve na contramão de tudo o que facilitaria o registro da sua grandeza: atuou no difícil período entre guerras e na cidade de Viena, França, longe da capital gastronômica de Lyon.

Abriu seu restaurante, La Pyramide, com apenas 26 anos, em 1923, e lá ficou até a sua morte, tendo atravessado os anos difíceis da guerra com coragem e galhardia. Durante o governo de Vichy, servia gratuitamente os refugiados da invasão alemã. Quando os alemães passaram a procurar seu restaurante, Point deixou de servir jantares; quando eles começaram a reservar mesas para almoço, fechou o restaurante. A política também passa pela gastronomia, e a reputação de um chef só prospera do lado certo.

Point não escreveu livros. Seus ecos nos chegam, sobretudo, pela geração de chefs que formou e que revolucionou a gastronomia do século XX. Paul Bocuse, Alain Chapel, François Bise, Louis Outhier, e Jean e Pierre Troisgros trabalharam com ele e são os expoentes da sua "escola", da qual derivou a nouvelle cuisine. É compreensível que assim seja, pois Point era de opinião que a "principal obrigação de um cozinheiro é transmitir para a geração seguinte tudo que aprendeu e experimentou". Ele criou um estilo que se traduzia na sua prática, e quem estava ao seu lado pôde aprender.

Mas o que ele mesmo aprendeu e experimentou ficou mais na dependência de testemunhos orais do que escritos, pois seu único livro, *Ma Gastronomie*, não foi exatamente escrito como tal, sendo a coletânea de um caderno de aforismos, uma entrevista, depoimentos de terceiros, alguns menus que preparou em datas célebres e, claro, um conjunto relativamente pequeno de receitas manuscritas (apenas 169).

Suas receitas, que não foram publicadas em vida, não eram dirigidas a iniciantes em matéria culinária e, neste sentido, eram radicalmente distintas das de Escoffier. Trata-se da "cozinha inspirada", de sorte que, onde se lê, em Escoffier, "quatro gramas de sal", Point deixa para o último momento a definição da sua dose, em função da "intuição" e do sabor dominante. As receitas são sugestivas, devendo ser interpretadas pelo cozinheiro.

Sua cozinha é a do foie-gras, da trufa, das coisas do mar, da comida regional elevada a um grau de sofisticação de modo a ganhar, imediatamente, uma dimensão transcendente. Era também a cozinha das coisas simples. Como essa receita:

Pudim de tapioca: "Ferver meio litro de leite com 100 gramas de açúcar e 100 gramas de tapioca grossa. Deixar cozinhar e colocar num prato inglês, levando ao forno para dourar (ou salpicar açúcar e dourar com um ferro quente)". Somente isso, nada mais. E note quão pouco açúcar! Mas se pode imaginar o impacto desse brûlée de tapioca na distante cidade de Viena.

Point é o cozinheiro "da alma", do serviço impecável, do chef como personagem de salão e do vinho como componente de destaque na refeição. É, também, quem valoriza as matérias-primas em sua simplicidade, num jogo contraditório entre o "essencialista" (que encerra nos molhos, esses artefatos, a "alma" ou o melhor das coisas da natureza) e o "naturalista", que deixa os ingredientes falarem por si.

Eis algumas das frases meditadas de Point, que alimentam o mito da sua figura lendária:

"O cozinheiro perde a reputação quando se torna indiferente à sua obra.

A cozinha não é invariável como uma fórmula do Codex. Mas é preciso evitar mudar as bases essenciais.

Uma boa refeição deve ser harmoniosa como uma sinfonia, e também bem construída como uma catedral romana.

Não são os molhos que distinguem um bom cozinheiro. Entretanto, na orquestra da grande cozinha, o saucier é um solista.

O sucesso é uma soma de pequenas coisas feitas ao ponto.

Os livros de cozinha se parecem com os frades. O melhor é aquilo que eles fazem por si próprios.

Eu acredito, do fundo do coração, que se vai ao fundo (trocadilho com *fond*, que sempre usava no singular) dos molhos como ao fundo dos poços: é lá que está a verdade".

GUALTIERO MARCHESI: A NOUVELLE CUISINE FORA DE CASA

Muito provavelmente não estaríamos comendo risoto e massa al dente se não fosse o trabalho de sua difusão, como marca de modernidade, por Gualtiero Marchesi. A ele também devemos a leveza do molho de tomate, deixando para trás aqueles concentrados pesantes que as "mamas" faziam e nos empanturravam.

Marchesi é o ícone da nouvelle cuisine italiana. Seu *La mia nuova grande cucina italiana* (1980) foi uma bíblia para os modernizados dos anos 1980.

A família possuía um restaurante em Milão e quando chegou a sua vez de dirigi-lo, foi, antes, beber na fonte do novo, no domínio dos irmãos Troisgros. Isso em 1977. Em 1978, ganhou sua primeira estrela Michelin. A primeira para um restaurante na Itália. Começava o reconhecimento de que a nouvelle cuisine se expandiria para fora da França.

Em 2008, ao perder uma das três estrelas, devolveu todas para o guia Michelin, dizendo que "aos 80 anos acabou o tempo de ser julgado como um estudante". Também foi homenageado no Madrid Fusión de 2009.

Sempre gostei de seu restaurante em Milão. Mais ainda do seu restaurante em Erbusco, entre Brescia e Bergamo, aberto em 1993, onde há uma magnífica varanda com vista para os picos nevados. Ali comi uma insalata tiepida di coniglio e o imorredouro riso, oro e zafferano.

Há vários anos esteve em São Paulo, se não me engano, no Meliá WTC. Telefonei e reservei um almoço. Fui eu e o amigo Abelardo Blanco. E qual não foi nossa surpresa ao ver o salão vazio: apenas nós e mais duas mesas, Marchesi passeando desolado entre elas. Nem na internet se acha registro dessa passagem por aqui, o que mostra claramente a incompreensão sobre seu trabalho.

Em 2008, pude conversar bastante com Rafael García Santos sobre a importância de Marchesi para a gastronomia moderna. Não é à toa que Madrid Fusión o homenageou.

ATALA E O D.O.M. QUE SURPREENDE[4]

Como um ex-punk virou o chef proprietário do mais badalado restaurante de SP

É impressionante. O cara não para. Por trás da entrevista corre uma trama que mal percebo. Mas decorridas umas três horas de conversa seu amigo Jacques não resiste e nos interrompe. Ele também quer ir. Para onde? Para a Espanha, percorrer, com Atala, treze restaurantes da alta gastronomia numa verdadeira maratona guiada pelo paladar. Aliás, doze com certeza, porque eles divergem sobre o décimo terceiro.

Atala não para: acabou de chegar do Amapá, onde foi pescar (sobre caça, outra paixão, nada conta. Por precaução, pois o Ibama está sempre de olho). "É a história mais triste do mundo. Há espécies completamente fora de controle, como o jacaré, a piranha, a lebre no interior de São Paulo, a capivara, o búfalo em Rondônia e no Amapá, e é crime caçar". Concordo. Eu, que sou mais velho que ele, tive esse prazer antes de ser crime. "A caça hoje é uma coisa

---

4. Texto originalmente publicado na revista eletrônica *Trópico*.

brega. Ou ultra-aristocrática, o que é brega, ou coisa de matuto, o que também é brega". Acho que ele quer uma caça de classe média. Ele só sorri. Acho então que não gostou da piada.

Fico me perguntando como um ex-punk, ex-DJ do Rose Bom Bom, que conseguiu a proeza de ser expulso de cinco colégios (um deles, dos "piores" de São Paulo, por duas vezes!), se tornou o chef proprietário do mais badalado restaurante de São Paulo: o D.O.M.

"Eu ia muito no limite de tudo, entende?", explica ao contar que colocou uma bomba e explodiu o banheiro da escola. Não sei se entendo, mas farei força. Ia "no limite" e ainda vai: já andou pelas florestas, Brasil afora, com os Xavantes, os Tapirapé, os Iananomâmis, os Kamaiurá, os Carajás – caçando, pescando, experimentando de tudo; já comeu uns vermes que os Tapirapé apreciam, que dão nos paus que apodrecem debaixo d'água ("Não gostei não. Um sabor de enxofre misturado com fósforo, um cheiro de lodo...").

Daquele passado rebelde de colégio, as tatuagens no corpo. Daquela rebeldia persistente, a vontade irrefreável de inovar: "Quero ser o grande chef brasileiro. Se não der, ao menos terei aberto o caminho". Fala isso sem pejo. Sem soberba.

Alex Atala, o pioneiro, não está sozinho. Admira vivamente o chef espanhol Ferran Adrià. Admira Andrew Fielke, na Austrália. "Adrià é capaz de elaborar combinações inusitadas, como cogumelo com ostras, tutano com caviar e caramelo com bacon. Só um chef genial podia inventar, como Adrià, uma nova técnica de fazer mousse, usando aquele sifão de se fazer creme chantilly".

Lembro que o australiano Adrew Fielke, que faz lá seu mergulho no insólito da paisagem australiana (carne de canguru, vegetais desconhecidos à mesa), já faliu duas vezes e está na terceira tentativa. Atala não titubeia: "Essa coragem é que admiro, que não tenho tão forte. Adrià está em Rosas, não em Madrid; Andrew também não está em Sidney, está na periferia. Quantas coisas boas temos pelo Brasil, perdidas por aí... Você já comeu, por exemplo, arroz preparado em gordura de lambari? É maravilhoso! Aquela coisa sem graça que é o arroz fica dos deuses!".

Nesse momento estou comendo um foie gras com umas batatinhas, tudo delicioso, mas não consigo esconder o espanto: onde a surpresa do foie gras, presente na entrada que saboreio? "Não quero fazer a nova cozinha brasileira, mas mostrar que se pode fazer gastronomia, alta cozinha, com ingredientes brasileiros. Uma cozinha de terroir, digamos assim. Trazer à mesa os ingredientes brasileiros".

A inclusão do foie gras em vários pratos ele explica: "Brasileiro não gosta de cozinha brasileira e, se eu não agregar valor aos pratos, não há aceitação. Veja bem: se você der uma série de farinhas de mandioca para um baiano provar ele te dirá qual é a melhor. Dentre os clientes dos restaurantes de São Paulo, qual é capaz dessa proeza? Nenhum! Por isso preciso agregar valor reconhecível como tal – foie gras, trufas".

Atala está no centro do furacão, e o rebelde precisa conciliar. Esse caminho estreito entre inovação e tradição é o seu caminhar. Uma boa política. "A cozinha francesa dos grandes chefes, nos últimos anos, se assemelha a um filme de Hollywood: bem-feito, mas sem emoção. Há um ritual no comer que é muito formal e só. A mesa é a grande emoção da gastronomia. É preciso cozinhar com alma, provocar, surpreender todos os sentidos sempre. Desestruturar, olhar o conceito, desmembrar, buscar na raiz e trazer a mesma receita com uma nova proposta no momento oportuno. Não somos franceses e não queremos ser franceses", afirma com convicção.

"Os cozinheiros que vieram antes de mim, como o Laurent e o Claude Troisgros, trabalharam muito as frutas. Hoje você encontra as frutas brasileiras por toda parte, até nos supermercados. Por isso eu escolhi trabalhar os tubérculos: o cará, o inhame, a mandioca em todas as suas variações. O nosso cará tem textura única, não é farinhento como o que se come na Europa, tem sabor adocicado, bom amido". Por isso o cliente pode encontrar a combinação insólita de uma sardinha grelhada com primor sobre um leito de cará, ou um foie gras no mesmo berço esplêndido de um tubérculo nacional.

"O brasileiro não é conhecedor dos produtos da terra. Na Europa, a transição entre a cozinha afetiva, de referência infantil, e a gastronomia é mais sequencial: o indivíduo come os mesmos alimentos quando é criança e quando cresce, porém aprende a apreciar de maneira diferente. No Brasil, a comida afetiva não tem nenhuma relação com a comida gastronômica, é um choque, falta uma etapa no processo. O brasileiro come arroz e feijão em casa e quando passa para a etapa gastronômica dá um salto para as comidas importadas e alimentos com os quais não tem intimidade, não conhece. Além disso, existem preconceitos que cercam a alimentação, como a crença de que carne de porco faz mal, mas a pele da carne de frango é muito mais nociva."

Atala não é mais aquele que um dia embarcou em aventura para a Bélgica, onde foi pintor de paredes e teve que fazer um curso para obter a *carte de séjour*. Só fez culinária porque era o curso mais a mão. Nem mesmo é o cozinheiro do Sushi Pasta, do Filomena, ou do 72, por onde passou antes de se estabelecer por conta própria. É o dono do Na Mesa e do D.O.M. "O Na Mesa é a extensão da minha pessoa. Fiz para os amigos, para comer com os amigos que me cobravam cozinhar. É uma cozinha mais clássica, mas com direção de arte. O D.O.M. é a extensão do meu trabalho."

Alex pede licença, se levanta e vai tirar o pedido de um ilustre cliente: o ex-governador de São Paulo, Paulo Egydio Martins. Nada mais profissional. É quando chega o meu prato: um filé de arraia grelhado, sobre um leito de quiabos cortados ao meio e fritos, coberto por uma farta porção de pignolis torrados e ladeado por rúcula selvagem. Um azeite aromático dá um registro mais alto aos sabores. Acho uma maravilha. A melhor arraia que já comi.

Atala volta e explica: "Essa arraia, por exemplo. Em dois anos e meio de D.O.M. trabalho sempre para fixá-la no cardápio. É um animal delicadíssimo. Vou ao Ceagesp, compro uma caixa com uns vinte quilos. Aproveito, se tanto, uns sete quilos. Ela dura muito pouco, um dia no máximo, pois tem um alto teor de amônia.

Nesses dois anos e meio já joguei fora mais de uma tonelada de arraia. Mas vale a pena. E nem é caro. Pago R$ 1,80 o quilo, ao passo que o robalo está a R$ 15 o quilo. Mas o público resistia, e resistia ao quiabo. Hoje posso dizer que o prato está implantado, mas não foi fácil. O sucesso de uma receita depende muito do momento no qual ela é colocada". Recordo que quando conheci o D.O.M. foi por indicação de um chef japonês do bairro da Liberdade, no centro de São Paulo: "Vai ao D.O.M. A melhor arraia de São Paulo". Sua arraia faz fama na cidade.

Atala gostaria de ir além da arraia, mas sabe que o mercado não aceita peixes de rio, e bons peixes, de rio ou de mar, são exportados sem sequer chegar à mesa do brasileiro. "Os peixes de rio aqui são usados só na indústria. O pirarucu, de até 12 quilos, tem qualidade superior ao robalo. O mercado não aceita o 'filhote', que é um peixe amazônico extraordinário. O tamoatá, também um peixe amazônico, vegetariano e de carne avermelhada, tem uma qualidade extraordinária, mas é todo exportado para a França."

Atala também gosta de teorizar, como se houvesse sido um bom aluno no colegial: "Uma receita é como uma equação com variáveis. É o que o cozinheiro tem que resolver. Por isso, além da compreensão do que está fazendo, precisa ter habilidade. A música é composta, e qualquer músico pode interpretar do seu modo. Na culinária, não: ao se criar uma receita ainda não terminou o trabalho. Você tem também que executar. Um chef não se faz pela reprodução de receitas e sim por entender o que acontece dentro da panela".

Pessoalmente, prefiro a sua teoria do "achatamento dos sabores". É a seguinte: se você pica um tomate de qualidade, coloca azeite e uma erva, tem uma gama enorme de sabores. Mas, se você tem um tomate meio murcho, ácido, então precisa cozinhar com cenoura, cebola e alho por um tempão. Precisa reduzir tudo a um concentrado onde todos os sabores estão achatados. "Eu rasguei do meu aprendizado culinário o capítulo dos molhos elaborados franceses. Todos achatam os sabores. Prefiro ficar no molho básico e não ir para os molhos derivados, as glaces. Como lembra o

Ferran Adrià, em muitos molhos mais de 50% é o creme de leite, ou a emulsão de ovos. Isso eu não faço."

Em contrapartida, tem a sua teoria positiva do azeite: "O azeite liga os sabores uns aos outros, é um veículo de sabores além de ter sabor próprio". Para demonstrá-la, manda buscar na cozinha um sorvete de azeite. Azeite com açúcar e salpicado de pimenta-do-reino. Parece um bom entremès. "Serve para tudo. Acompanha bem sobremesa ou prato salgado. Gosto de uma cozinha mais rápida e que respeite a qualidade dos alimentos. A cozinha que eu aprecio é a cozinha de paladar pleno e com fusão de sabor".

Então, parece que chego a uma compreensão do seu trabalho: ele toma os ingredientes brasileiros como fonte de surpresas, "desconstrói" os pratos ao desintegrar o todo retirando os molhos e os "reconstrói" estabelecendo uma "ponte" entre os sabores isolados através do azeite ou delicados fios de molhos simples que atravessam os pratos como caminhos a percorrer. Esses molhos podem ser um simples rôti, ou uma redução de aceto balsâmico com baunilha.

Quando pergunto sobre os melhores chefs no Brasil é sua relação de amor e ódio com Laurent que vem à tona. "Laurent é o melhor cozinheiro no Brasil, não como chef, mas como técnica, como escola. Cozinheiro é o homem diante da sua panela. E não sou eu quem diz, é Daniel Boulud [Daniel, Nova York]: o Laurent pensa como se pensava há trinta anos atrás."

Mas Atala não deixa de prestar seu tributo à nomenclatura: Emmanuel Bassoleil, Claude Troisgros, Francesco Carli, e se censura por não ter lembrado imediatamente do mestre Luigi Tartari — também um homem à antiga como Laurent.

Atala, aquele que sempre vai "no limite de tudo", está escrevendo um livro. Aliás, dois. Um com reflexões sobre culinária e gastronomia: o que ele pensa de coisas triviais como o sal, o café, a tecnologia na cozinha. O outro, sobre ingredientes brasileiros, essa viagem pelo Brasil comestível que inclui cará, arraia, vermes, jambu, numa lista infinita de possibilidades e surpresas. Lembro que, certa vez, ao perguntar ao chef de um importante restaurante de Milão por que ele não escrevia um livro com as suas receitas, ouvi sua resposta soberba: "Porque é preciso escolher: ou bem se cozinha ou bem se escreve". Mas Atala vai "no limite" e escolheu as duas coisas. E as fará igualmente bem, pelo que li dos textos que me confiou.

Chega então a vez da sobremesa: uma sequência divina de sorvetes de frutas – umbu, taperebá, graviola, acerola –, numa consistência revolucionária que mais lembra uma mousse. "É uma máquina nova, incrível, que revolucionou o conceito de sorvete. Venha ver!", e me leva à cozinha. A Pacojet é uma espécie de liquidificador que tritura em grânulos imperceptíveis o gelo. Então, o sorvete não precisa mais ser feito tendo por base uma calda de açúcar com densidade alta e que fica girando na máquina até virar sólido. Ao contrário, é agora a calda da fruta congelada, que nem precisa ter açúcar, que é "sorvetificada" em segundos pela máquina mágica.

Alex faz de tudo nela, até mesmo uma "farinha" de foie gras congelado que acompanha um prato e que aprendeu com Ferran Adrià. Depois vem o café. Acompanhado por uns "dadinhos" de chocolate de péssima qualidade, desses que só se vende em padaria, mas que só me lembro de ter comido na infância. É quando um sabor afetivo recobre a língua e encerra toda a ousadia e inquietação da cozinha desse chef singular.

ELOGIO DO RESTAURANTE TRINDADE

Conheci Felipe Rameh por volta de 2004, quando ele trabalhava no D.O.M, no tempo em que ainda era o "Sansão". Seguramente o cozinheiro mais talentoso da brigada de Atala à época. Mas só agora pude ir ao encontro da sua cozinha, no restaurante Trindade em Belo Horizonte.

Em 2008, estivemos juntos, com vários outros cozinheiros, numa mesa de debates (Festival de Tiradentes) sobre modernidade e tradição. Felipe, sem dúvida, era visto como líder no movimento de modernização.

Mas ele não é um cozinheiro qualquer. Em 2005, quando fomos ao Madrid Fusión (Atala, Felipe e eu), me impressionou um dia de escapada de Felipe, para ir ao Museu do Prado. Como me impressiona hoje seu entusiasmo e dedicação à difusão de Inhotim ("você precisa ir lá! Eu vou junto, te levo!"). Coisas que mostram um cozinheiro raro, que vê a vida além da cozinha.

Felipe olha em volta e procura trazer ingredientes de fácil legibilidade à mesa, destacando, assim, a maestria do preparo que aprendeu a partir da cozinha de Atala. De fato, muitos ingredientes dizem respeito a esse desejo de enraizamento no que é costumeiro, como o bacalhau com legumes (cujos destaques são as texturas, o ponto de cocção), um purê de banana, a pupunha e, claro, a hoje indefectível barriga de porco, no caso acompanhada por gremolata e um purê de ora-pro-nobis. Sobremesas simples, como um crème brûlée de doce de leite ou um pout pourri de doces artesanais mineiros, combinados com diferentes queijos regionais, sustentam em alto diapasão esse desejo alegórico de "brasilidade" ou "mineiridade".

No seu cardápio encontram-se, ainda, várias evocações, como o pastel de angu da tradição mineira, ou o dadinho de tapioca popularizado por Rodrigo Oliveira no Mocotó. Mesmo o pout pourri de doces artesanais surgiu para a gastronomia, em versão mais simples, no D.O.M.

Tudo isso faz muito sentido, pois a pegada inovadora não assusta os tradicionalistas e, sem fazer concessões a eles, planta no coração de uma das culinárias mais "sólidas" brasileiras o germe da transformação. Desse modo, Felipe consegue apresentar um cardápio reconhecível e agradável, sem grandes estranhamentos e, por isso, favorável à leitura do "bem-feito", da técnica do cozinheiro.

E é o sucesso dessa fórmula, partilhada com o sócio Frederico Trindade, que estimula Felipe a saltos mais altos. Está para inaugurar um "espaço gourmet", chamado Alma, que combina um restaurante, uma escola culinária, um ponto de venda de pães artesanais e outro para café.

O Trindade e o Alma serão, seguramente, pilares da modernização culinária mineira. Para um paulista com trânsito pela culinária moderna, a impressão é que Belo Horizonte entrou definitivamente no roteiro gastronômico, expandindo essa esperança de que uma cozinha renovada tome, como uma onda, o Brasil todo.

ROBERTA, A ARTIFICIALIZAÇÃO E A NATURALIZAÇÃO CULINÁRIAS

Gostava muito do blog da Roberta Sudbrack. Era um dos que dava o que pensar e, creio, este é o papel dos blogs na atual conjuntura gastronômica. Quero discutir aqui uma de suas linhas-mestras ou ideia-força. Faço em voz alta meu diálogo gastronômico com Roberta.

Roberta defende uma culinária que é, ao mesmo tempo, fruto da experimentação empírica e de muito trabalho, isto é, de muita tentativa e erro, além do tratamento intelectual sofisticado de matérias-primas as mais banais. Como fez com a baba do quiabo. Ela se concentra ao longo de largos períodos no chuchu, no quiabo, e chega a resultados que todos admiram. É mesmo uma atitude exemplar. Se todos os chefs seguissem esse modelo, a gastronomia brasileira estaria em outro patamar.

Mas Roberta faz uma verdadeira campanha contra a modernização tecnológica. Vira e mexe faz perorações contra Gastrovac e Thermomix, com o falso medo de que as máquinas mandariam nela se as adotasse. Por outro lado, revela-se a chef mais *high-tech* ao tuitar, pois criou um estilo de comunicação que é impar e ultramoderno, que coloca todo mundo cozinhando com ela em *real time*. Ela dá uma visão "de dentro" da cozinha que nenhum outro cozinheiro até agora nos franqueou.

Com os comensais, Roberta prefere se comunicar pelos modos tradicionais: longas cocções, forno a lenha, enfim, com a mediação da tradição que, no caso, ela chama de simplicidade. Parece que acha que a técnica veio complicar sua criatividade.

Sudbrack se situa naquele ponto de inflexão entre tradição e modernidade e, por isso, suas opiniões sobre "as modernidades" são tão importantes. Mas a "filosofia da simplicidade" não é a única possível. Há outras.

Há quem goste, como o Rodrigo Oliveira, de usar técnicas modernas numa base culinária tradicional e os resultados são pra lá de compensadores. Isso não só relativiza a militância antitecnológica da Roberta como mostra que a culinária é um terreno tão vasto que nele cabem vários "partidos".

Mas Roberta sabe que o importante, nessa matéria, é a comparação que nos fornece parâmetros. Como ela mesma diz, "não há nada pior na gastronomia do que a falta dele [parâmetro]. Falta de sal a gente resolve. Falta de pimenta também. Agora, falta de parâmetro e frescor não tem solução. Como comparar se a gente não conhece o outro lado da moeda?"

Não sei se sua antitecnologia decorre de uma experiência pessoal de comparação, mas o certo é que essa é uma verdadeira escola culinária, com representantes no mundo todo. Como Santi Santamaria.

Roberta atacou recentemente outra frente: a artificialização do comestível. Fez o mea-culpa por ter usado (e gostado) dos simulacros de tartufo bianco.

Pessoalmente, acho que uma coisa é um subproduto (uma essência natural) que revela de forma mais clara um atributo natural do produto; outra, bem diversa, o simulacro (essência artificial). Entre ambas, claro, há escolhas que podem ser feitas. O artesanato, em que conta a excelência e não os custos, optará pela primeira; a indústria, pela segunda. Por isso foram inventadas as essências artificiais: custos. Assim é com a baunilha e a vanilina. E não há como negar razão à Roberta quando diz que "o que eu não posso entender e nem aceitar é o fato de vira e mexe ainda me deparar com essa substância tóxica nos cardápios mundo a fora. Não combina com o momento vivido pela gastronomia".

É verdade. E é bom que alguém como ela coloque o dedo na ferida, porque ela sabe que "evoluir é olhar para frente e para trás. Refletir, aprender, entender. Buscar novas formas, novas possibilidades, novos contextos. Instigar, surpreender, alegrar. Tudo isso está valendo. Só não vale mascarar".

Imagino que é possível os cozinheiros chegarem a um programa mínimo de depuração gastronômica. Que tal banir da gastronomia mais sofisticada – que é exemplo que a sociedade acaba imitando em escala ampla – os animais que consomem ração animal (canibalismo), como o frango e o salmão de granja, e os que consomem hormônios de crescimento; os produtos com estabilizante e conservante além de certo nível mínimo a ser fixado (maioneses, Nutella etc.)? Os produtos com carga comprovadamente alta de agrotóxicos (batata inglesa, morango)?

Acredito que a criatividade empenhada dos cozinheiros certamente encontrará caminhos nos quais esses vícios do gosto não mais farão falta.

O PE. CÍCERO ENTRE CANGIBRINA, ALCATRÃO E CATUABA

Graças ao GPS do Pedro Martinelli, chegamos lá. O mocotó se tornou um centro de peregrinação gourmet de uns tempos para cá. Desde que o jovem chef Rodrigo Oliveira ganhou uns prêmios e certa cobertura na impressa, seu restaurante se tornou uma espécie de "Juazeiro do Padre Cícero" da mesa paulistana.

Olhando o sr. José Oliveira, pai e fundador do boteco há mais de 30 anos, me lembro de Luiz Gonzaga que, uma vez, perguntou aos alunos da PUC-SP por que eles achavam que ele, Gonzagão, artista conhecido do Brasil todo de longa data, finalmente estava ali, no Tuca, centro da cultura paulistana? Ninguém acertou a sua resposta: "Oras, estou aqui porque vocês agora decidiram agora que eu sou raízes da música brasileira!" – explicou para a plateia incrédula.

O sr. José Oliveira, pai do Rodrigo Oliveira, é "raiz". Está lá plantado há um tempão e nunca pensou em contar com nossa visita. Nem por isso é aquele camarada diáfano, que anda sobre a terra como personagem de Glauber Rocha, com expressão santa e intocada. O sr. José é um homem de carne e osso, com interesses comerciais claros. Perguntado pela origem de uma receita, não se peja: "Ah, essa eu peguei do *Globo Rural...*"

O caldo de mocotó, a favada e a combinação de ambos – a mocofava – são, para mim, uma boa razão para peregrinação. Assim como o torresmo, de botar inveja nos espanhóis modernos. E tem o escondidinho de carne-seca, com um tantinho (dispensável?) de requeijão, que é de agrado geral.

Tem o atolado de bode, que o cardápio já vai traduzindo para o paulistanês (Atenção! bode = cabrito, não é bicho velho, não!), e é bastante bom. Ao sarapatel, lamenta o sr. José Oliveira, falta o sangue, que as autoridades sanitárias proíbem na grande cidade. Não me faz falta, pois não sou muito fã desse prato.

Enfim, come-se bem ali. Brasileiramente bem e barato (o que é raro em São Paulo), se não computarmos no preço o necessário GPS para o público ajardinado da cidade. Mas talvez valha a pena investir no GPS, se pegar pra valer a moda de comer fora do circuito de 20 km de raio desde o centro da cidade.

Tudo ali é bem feito, e é difícil, para mim, saber o quanto é mérito do Rodrigo e o quanto é do seu pai. Nem eles estão interessados nisso, de forma que é irrelevante por agora. O importante é que estão em sintonia com os nordestinos migrantes que chegaram a São Paulo e ficaram culinariamente deserdados. Por isso, frequentam o Mocotó com ares de quem está em casa.

O que acho surpreendente (e mais que positivo!) é que a inspiração sertaneja veio ombrear, no mundo gourmet, com a cozinha "típica" do litoral nordestino, disputando preferências. O Brasil sai enriquecido de um mergulho no Mocotó. Ele nos liberta do leite de coco, do camarão, da lagosta, do dendê, da pimenta excessiva – tudo de uma só vez!

E o cardápio mostra mesmo o outro mundo. Mais do que os pratos, são as bebidas que não deixam margem a dúvidas. Você, por acaso, tem o hábito de tomar conhaque de alcatrão, vinho de catuaba, vinho de jurubeba, xiboquinha, fogo paulista ou cynar? Pois é, lá há quem tome. E aqueles licores enjoados da Bols? Também há quem tome. Fico com a cangibrina, que não encontro fácil pelos terrenos ajardinados.

PERFORMANCES INTERNACIONAIS E UM POUCO MAIS: ATALA E HELENA RIZZO

Para nós, brasileiros, a lista dos 50 melhores restaurantes da América Latina de 2013 consagra os óbvios. Quando vamos à Vila Medeiros, ou à Belém do Pará, estamos certos de que vamos ao encontro daqueles que estão entre os melhores restaurantes do Brasil. Isso sem falar dos demais que estão no eixo Rio-São Paulo. Mas, como disse Rodrigo Oliveira: "Não temos ar-condicionado, carta de vinho, talheres de prata, e o nosso ticket médio é de US$ 20", e mesmo assim ele está lá como o 16º no ranking dos 50 Best da América Latina[5]. Essa a vantagem desse prêmio sobre o sistema de classificação do Guia Michelin: a cozinha parece ser o foco exclusivo.

A disputa foi mesmo entre Alex Atala e Gastón Acurio. E como disse Atala, lamentando o fato de a premiação não ter sido realizada no Brasil: "A gente teve a chance, mas ninguém fez nada". Quem não fez nada? Provavelmente o governo, a Embratur, os patrocinadores. Alex fez tudo ao seu alcance. Mas Gastón conseguiu articular o palco da premiação e levou o evento para Lima – fazendo-o coincidir com a abertura do Mistura. Grande tino político, se vê.

O Brasil emplacou nove posições; a Argentina, quinze, ou seja, 30% da lista. Gosto do Oviedo, do Sucre, do Tomo Uno, do 1884

---

5. Subiu para o 12º lugar em 2014.

de Francis Mallmann, que estão na lista, mas não consigo ver, no conjunto, algo superior à culinária brasileira moderna. De qualquer modo, está claro que os protagonistas fortes para o futuro serão Brasil, Argentina, México e Peru. Está bem assim. Como no futebol.

A indicação de Helena Rizzo como a Melhor Cozinheira da América Latina não surpreende. E ninguém deve se surpreender também porque escrevo "cozinheira" e não "chef" – pois ela é das poucas pessoas dessa dinastia que sabem que cozinhar é algo superior a chefiar. Cozinhar como ela o faz é reencantar o mundo, enquanto chefiar é apenas dar ordens.

E o que é ser "a melhor"? Me lembro de Carlos Drummond de Andrade que, quando chamado de maior poeta do Brasil, perguntava: "Como você sabe? Por acaso saiu com uma fita métrica, medindo os poetas?". O mundo competitivo é que é dado a comparações desse tipo; Drummond era apenas poeta, como Helena é apenas cozinheira.

Há poesia na sua comida? Sim, muita. "Olhai os lírios do brejo, que não trabalham nem fiam e, no entanto, nem Salomão, em toda sua glória, jamais teve o cheiro ou sabor de um deles". São os versos que me vêm, assim distorcidos, quando como a sobremesa de lírio do brejo (que nem todo mundo gosta, Helena sabe, mas que simplesmente adoro).

Numa época na qual a gastronomia ficou chata, cheia de códigos, regras e procedimentos aparentemente "novos" visando à celebração técnica, a cozinha de Helena caminha em sentido contrário, em busca do reencantamento do mundo através da sensibilidade que rege seu trabalho. Diretriz da qual ninguém deveria ter se afastado.

Mas se foi por isso que os jurados lhe concederam o prêmio, é sinal de que há esperança. Afinal, o justo é que cada um tenha o seu lugar no mundo perfeitamente reconhecido. E o lugar de Helena é nos fazer mais felizes quando comemos no Mani. Isso merece destaque; seja aqui, no Peru ou em Londres. Mas acho que essa coisa de "mulher", "cozinheira", não é apropriado. É sexista, e Helena Rizzo cozinha universalmente bem.

A nota dissonante nessa festa limenha – à qual a imprensa não deu destaque – veio de Francis Mallmann, que renunciou à condição de jurado do prêmio e encaminhou uma carta à organização, na qual diz "minha vida na cozinha não tem mais elos com esse ranking", e explica por quê:

"Vejam: eu cozinho há 40 anos. Como sabem, cozinha é um romance com ingredientes, espaço, serviço, *timing* e silêncio. Observo sentimentos contrários em tantos de meus colegas que estão tão preocupados com os prêmios que passam o ano fazendo *lobby* perante o eleitorado, pulando de conferência em conferência e, na minha opinião, desperdiçando tempo valioso e distanciando-se dos reais valores que fazem um restaurante. Os prêmios criaram um ambiente fictício e ultracompetitivo para nossa cultura gastronômica. Inovação parece ser o principal valor. Embora não haja nada de errado com (a inovação), afastou-nos da valorização de um ofício em favor do que chamam de arte. Jovens chefs tentam atravessar pontes muito antes do que deveriam só para serem diferentes, famosos ou novos".

Mallmann é uma das melhores cabeças culinárias. Seria muito bom se os cozinheiros refletissem sobre essas suas palavras.

I - GASTRONOMIA BRASILEIRA: OS SUPERNOVOS E O CAMINHO VERDADEIRO

"O caminho verdadeiro segue por uma corda que não está esticada no alto, mas se estende quase rente ao chão. Parece mais determinado a fazer tropeçar, do que a ser transitável" – Franz Kafka

Numa entrevista que me concedeu em 2006 (e que publiquei na finada *Bravo!*, nº 108), Adrià afirmou: "As espumas são a coisa menos importante. No meu trabalho, a parte mais importante foi a mediterranização da cozinha espanhola, entre 1987 e 1993. Isso poucos compreenderam fora da Europa. O que fiz, foi enraizar a nova cozinha nas culinárias mediterrâneas, trabalhar a partir delas".

Em poucas palavras, ele via o valor do seu próprio trabalho no enraizamento cultural, promovido junto com um punhado de outros cozinheiros: a busca coletiva daquela camada subterrânea em que todos os ingredientes pareciam se ligar de modo ancestral, dando coerência ao aparente que ia à mesa. A própria ideia imprecisa de "cozinha mediterrânea" ganhava concretude, permitindo um claro reconhecimento.

À época, havia uma onda de redescobertas dos povos espanhóis depois de quarenta anos de silenciamento sob a ditadura de Franco. A música, a pintura, a escultura, a língua e, claro, a culinária precisavam ser postas de novo em circulação, arejadas depois de tanto tempo de sufoco. Essa retomada, feita com recurso a técnicas modernas, fez do trabalho de Adrià uma obra verdadeira, destinada a marcar época, especialmente por permitir um reencontro dos espanhóis consigo mesmos. Como dizia Santi Santamaria, os cozinheiros espanhóis foram convertidos em "estandartes da cultura".

E como o trabalho cultural se aliava ao trabalho técnico? Um bom exemplo é a "desconstrução" da paella, um prato que se tornara símbolo culinário da Espanha franquista teve reapresentação surpreendente em três elementos que, levados juntos à boca, reconstruíam o sabor clássico. A partir de uma base simples, legível e "autenticamente espanhola", Adrià demonstrava como concebia a gastronomia: o lúdico, o surpreendente.

Quando imitada mundo afora, a associação entre a revitalização cultural e o desenvolvimento tecnológico propriamente dito se desfez. Não fazia sentido a "mediterranização" fora do Mediterrâneo e, de modo reducionista, o "adrianismo" virou sinônimo de domínio de técnicas específicas. Muitos de nossos cozinheiros se entregaram de corpo e alma a isso e, quando podiam, foram beber na própria fonte – a Espanha. Mas, no encerramento de El Bulli, esse território se tornou estático. As espumas, que há anos Adrià renegara, se tornaram o símbolo da ossificação.

Com a técnica é assim mesmo. Ela avança por saltos entremeados por períodos de estabilidade. Nesses períodos, de onde pode vir o encantamento gastronômico? É o que se perguntam, com a cabeça no travesseiro, cozinheiros do mundo todo. E, quando acordam, vão para os seus restaurantes, escolhem as melhores matérias-primas e dão o melhor de si. Tenho visto isso aqui, com clareza, quando vou a um Soeta, a um Lasai, ao Tuju, ao Manu e a alguns poucos mais. Há, em todos eles, um corpo a corpo diário com a qualidade e, quase sempre, os cozinheiros saem vitoriosos.

E porque depositam tanta esperança nos ingredientes, saem à luta pelo melhor. Cultivam seus próprios legumes, inclusive vegetais nunca dantes vistos por aqui; buscam pescadores de confiança que tragam o peixe mais fresco possível e sem que sofram aquela espécie de malhação do Judas que ocorre no trajeto do barco ao restaurante; descobrem artesãos incríveis, escondidos na informalidade ou nas dobras de um sistema de fornecimento altamente seletivo e excludente; fazem eco aos reclamos por sustentabilidade, saudabilidade e assim por diante.

Todo prato é a apoteose de um esforço desse tipo, e os cozinheiros o demonstram com capricho e orgulho. A cherovia – Pastinaca sativa – com dois diferentes queijos ou a bochecha de porco com uma excelente batata-doce laranja, ou o excelente camarão da Ilha Grande com tutano e batata-doce (Lasai); a brusqueta de tutano com beldroega, o caneloni de pato no tucupi, o namorado na brasa com banana e abóbora (Tuju); o ovo perfeito com canjiquinha ou o extraordinário nhoque de polenta "El Bulli 2007" (em justa homenagem), os magníficos champignons gigantes (Soeta); o uso criativo dos méis de meliponas (Manu) e assim por diante. Não há dúvida de que os jovens cozinheiros desses restaurantes formam a melhor esquadra da gastronomia no Brasil de hoje (ao lado de outros que estão em pesquisas diferentes, como os irmãos Castanho, Felipe Rameh etc.).

Diferente da geração anterior, que se formou "na marra", a atual geração dos supernovos foi mais cuidadosa. Pablo Pavón e Barbara Verzola fizerem seu aperfeiçoamento formativo no El Bulli; Ivan Bielawski e Rafael Costa e Silva, no Mugaritz; Manu Buffara andou pelos EUA (Alinea) e foi dar com os costados no NOMA, de René Redzepi. Todos observaram o monstro da cozinha pelas entranhas e conheceram os respectivos processos técnicos e criativos. O que aprenderam está dito no que fazem em seus restaurantes. A criatividade de cada um é visível.

O que me pergunto é: se há tanto da escola de Adrià nas suas cozinhas, onde foi parar o exemplo da "mediterranização", ou melhor, no que ela se transformou?

Quando se diz que, em gastronomia, o Brasil é a "bola da vez" não significa que é a vez daqueles que aprenderam corretamente as lições técnicas modernas. Quer dizer, sim, que a audiência nacional e mundial estão receptivas para uma gastronomia reconhecível como brasileira, moderna – como são a japonesa, a peruana e assim por diante. Não se trata de uma "volta às origens", mas de saber até onde se pode ir modernamente, revisitando as tradições populares. E o que temos a apresentar nesse sentido?

O próprio Adrià, na entrevista já citada, dizia: "Em relação ao Brasil, eu me refiro à Amazônia. Quando os seus produtos forem explorados, haverá um impacto tão grande quanto o do período das grandes navegações, da descoberta das Américas [...] O Brasil é um grande mercado a explorar. Há frutas e verduras silvestres, e é de grande importância que elas possam ser cultivadas. A sensação elétrica do jambu, por exemplo. Foram necessários cinco séculos para essa sensação ser descoberta e ingressar na gastronomia. Mas é preciso produção continuada [...]. Não há no Brasil empresas especializadas que se dediquem à investigação e comercialização das frutas da Amazônia".

Em poucas palavras, Adrià nos vê como fornecedores de matérias-primas para o mundo europeu, como sempre foi o papel do Novo Mundo desde a montagem do sistema colonial. Mas não é esta a linha de evolução que mais interessa aos brasileiros. Gostaríamos de ter uma culinária de corpo inteiro.

Quando o Peru exporta o ceviche, o que ele dispõe para a gastronomia mundial não são seus peixes, mas a inteligência e a criatividade culinárias de seu povo, reinterpretada aqui e ali. E a nossa pretensão deve ser mais ou menos essa. Isso exige um mergulho na cultura, na diversidade culinária do país, de modo a podermos construir um discurso estruturado que nos capte por inteiro, isto é, nas maneiras como utilizamos nossos ingredientes.

Em termos de diversidade, há uma cozinha caipira (paulista e mineira), como há uma paraense, uma sertaneja, e assim por diante, que não estão suficientemente modernizadas nos restaurantes da nova geração de cozinheiros e, portanto, há ainda um longo caminho a percorrer. Afinal de contas, precisamos responder: quais os benefícios das técnicas modernas para a nossa própria cultura alimentar? Como promover o reencontro da culinária popular brasileira com o nosso tempo, despindo-a de qualquer folclorização? Os valores tradicionais que a revestem já não servem para sustentá-la em nossas mesas.

Foi a esclerose político-cultural do franquismo que afastou as cozinhas basca, catalã e outras das mesas dos restaurantes. Uma classe média medíocre, conservadora, se aferrava à mesmice cultural (e culinária) que coube à geração de Adrià romper. Entre nós, ao contrário, uma classe média novidadeira parece desejar a experimentação e, por isso, dá as costas à tradição.

Por exemplo, a cozinha caipira – do Vale do Paraíba e do Rio Doce – praticamente desapareceu. O caipira é um tipo humano ridicularizado pela moderna cultura de massas e, assim, sua culinária carece de sentido presente, apesar de sua riqueza e, muitas vezes, delicadeza e refinamento.

O caminho pela frente é equivalente àquela "mediterranização" que fez da cozinha espanhola um verdadeiro capítulo da culinária mundial. Sendo a "bola da vez" – mas como Augusto Matraga – ainda esperamos nossa vez e nossa hora como país que tem uma culinária que quer persistir. E nunca é demais pedir àqueles que já fizeram uma trajetória brilhante até aqui que sigam pelo caminho verdadeiro, assumindo-se como "estandartes da cultura", que não se limita à técnica e à engenhosidade individual.

II – O REENCANTAMENTO À MESA

Reencantamento à mesa, na experiência do indivíduo diante do que come, assemelha-se a provocar uma fissura no mundo desencantado em que vivemos. Essa diretriz se faz e desfaz, constantemente, ao longo do tempo. Há momentos de desencantamento e de reencantamento. O último ciclo histórico de encantamento se deve a Ferran Adrià. Ele esteve baseado em novos conceitos culinários e na magia da técnica e quando esta se disseminou, vulgarizou e estabilizou, acabou o ciclo. Esse o sentido da expressão "órfãos de Adrià". Hoje se buscam novos conceitos, mas ainda não chegamos àqueles capazes de encantar e se difundir como um rastilho de pólvora.

Depois de Adrià, os encontros de chefs indicam uma tendência forte à espetacularização, ou à discussão de coisas que não são especificamente gastronômicas, como a sustentabilidade. É bom que se conscientizem, se posicionem. Mas muitos chefs, que mostravam pelo mundo como faziam suas criações, substituíram as aulas por vídeos bem elaborados, em linguagem moderna, sem sequer acenderem o fogo no palco. É nessa linha que vejo o MAD, "sem fogo, sem receita": uma performance na qual Atala usou a "teatralidade", segundo explica. Mas a teatralização do Coliseu não me agrada, o que está longe de dar razão aos chatos das sociedades protetoras dos animais que querem tutelar a cozinha.

Pessoalmente acho que a morte está fora do campo da gastronomia, ao menos até que se prove que a forma da sua administração influencie os sabores. Como a agricultura, ela só interessa na medida em que esteja voltada para produzir mais sabor à mesa. A morte não é "um elemento de vida", mas o seu contrário, e, por isso, precisa ser qualificada. Morte ao tirano, por exemplo. Não há a morte genérica, tipo "morte acontece", senão como pura naturalidade. Gastronomia, ao contrário, é cultura, vida.

A sociedade moderna esconde a morte dos animais comestíveis. Os antigos matadouros ou abatedouros agora são chamados de "frigoríficos". O sangue cede lugar ao *rigor mortis*. Some, de tabela, a galinha à cabidela. A espetacularização da morte de uma galinha mostra essa mudança. Mas, daí o que decorre gastronomicamente?

Não sou contra qualquer performance, *happening*. Nem a favor, porque acho que não pertence ao campo da gastronomia, que é o que me interessa. Não acho que ela reencante o mundo. Mas acho também que Atala é o cozinheiro que primeiro entendeu como inserir a nossa culinária no processo moderno de reencantamento do mundo, no ciclo virtuoso inaugurado por Adrià. Esse mérito, sozinho, o coloca no ápice de nossa história culinária moderna. Por isso mesmo, não pode ser incluído na legião dos "órfãos de Adrià", que não terão lugar nessa nossa história. Além disso, Atala continua um criador.

III - OS CHEFS, A COZINHA AFETIVA E A GASTRONOMIA

O artesão inicia diante do objeto bruto, que transformará em uma obra. O marceneiro tem uma ideia de cadeira antes de escolher e começar a manipular a madeira. O cozinheiro faz o mesmo e o que pretende é chegar a uma construção física que, além disso, impressione o paladar, assim como o conforto impressiona quem se senta na cadeira. O cozinheiro tem meios de produção próprios que não se resumem às ferramentas; lida com a fisiologia dos outros, enquanto o marceneiro lida com a ergonomia. A fisiologia do gosto é bem mais complexa.

Nina Horta resenhou o livro do chef Daniel Patterson, expondo sua teoria da "harmonização": "Diz ele que toda sua técnica está em saber temperar [...]: o sal aumenta a acidez, diminui o doce e o amargo. A acidez diminui o sal, o doce e o amargo. O amargo equilibra o doce. E o doce abranda o ácido e corta o amargo. Pronto, diz ele, é só isso que você precisa saber [...]. Agora, todo esse tempero tem que combinar muuuuuuito com o ingrediente principal. É aí que entra o equilíbrio".

CHEFS, CHEFINHOS E CHEFETES

Não sei se é bem assim, pois há vários amargos que reagem diferentemente com outros sabores, e também porque Patterson não considera o sabor umami. O seu "temperar", portanto, pode não coincidir com a percepção de para quem ele cozinha. E, nesse ponto, intervém o que a cultura nos apresenta como "equilíbrio". Mais ou menos sal, mais ou menos pimenta ou cominho etc. As possibilidades que ela encerra são múltiplas, mas não ilimitadas.

Formamos nosso gosto numa faixa relativamente estreita e, com o tempo, incluímos mais opções no repertório, assim como aprendemos mais músicas, lemos mais livros etc. Não raro, o mundo das elites urbanas e o mundo rural são inconciliáveis, como se fossem duas culturas estranhas entre si. É como se existissem, numa mesma sociedade, múltiplos gostos culturais. E, de fato, existem. Com qual trabalhar é uma opção extraculinária.

Mas a dificuldade de se trabalhar com este ou aquele recorte não está só no plano da fisiologia do gosto. Como já dizia Atala há uns 10 anos: "Brasileiro não gosta de cozinha brasileira, e se eu não agregar valor aos pratos não há aceitação. Veja bem: se você der uma série de farinhas de mandioca para um baiano provar ele te dirá qual é a melhor. Dentre os clientes dos restaurantes de São Paulo, qual é capaz dessa proeza? Nenhum! Por isso preciso agregar valor reconhecível como tal – foie gras, trufas". E, recentemente, uma cozinheira dos ditos "Jardins" me contou que seus clientes acham farinhas e pimentas coisas de pobre... Temos, então, que uma culinária com apelo comercial para as classes médias bem postas e classes altas é, também, e involuntariamente, classista.

A questão talvez se apresente de modo mais atenuado – e até inverso – nos locais onde a tradição fala mais alto: Belém (Remanso do Bosque) e Belo Horizonte (Trindade). Mas podemos concluir que o drama dos cozinheiros que investigam e querem explorar uma culinária tradicional brasileira, trazendo-a para o terreno da modernidade, consiste justamente em fazer uma ponte entre as classes de gosto (incluindo regiões etc.). Não é fácil! No entanto, há uma demanda cultural – e até certo ponto comercial –

por uma cozinha "brasileira" na qual a classe média urbana possa se reconhecer, ao menos nos termos em que se reconhece na japonesa, italiana, árabe etc.: como uma "opção" da sua identidade multiculinária.

Para que esse passo seja possível, uma "nova cultura" é necessária para o público e, também, para os cozinheiros. Analogamente, trata-se da nossa "mediterranização". O substrato comum, a ligar internamente (histórica e ecossistemicamente) os ingredientes de um prato, nem sempre é consciente.

Tomemos aqui o exemplo das farinhas, que os clientes dos restaurantes paulistanos nem sabem diferenciar. Os cozinheiros acaso sabem? Recentemente, jantando em casa de Thiago Castanho, me surpreendeu sua frase: "nessa casa não entra arroz!", o que me levou a prestar atenção ao uso variado que fez de farinhas de mandioca; alguns, surpreendentes para mim. Mas a familiaridade que tem com essas farinhas é excepcional, e ele se beneficia do fato de estar em Belém.

Quando chegam a São Paulo, algumas farinhas da Amazônia mudam até de nome – mostrando o estranhamento dos cozinheiros com elas: a de Uarini passou a ser batizada de "ovinha". Ovinha uma ova!, dizem os tradicionalistas e aqueles que sabem a importância dos terroirs na nobilitação dos produtos. Do mesmo modo, por desconhecer as condições de produção, a maioria dos cozinheiros ignora que muitas farinhas da Amazônia, antes feitas com mandioca "brava", são agora feitas com mandioca "mansa" e recebem corantes amarelos – assim como o tucupi. Não raro, não sabem distinguir sequer entre farinha-d'água e farinha-seca. O que dizer então da classificação por sabores?

Mesmo se ficarmos em São Paulo, o desconhecimento das farinhas originadas por aqui é semelhante àquele das oriundas de outras regiões. Basta um exemplo: os paulistas fabricavam até algumas décadas uma farinha de mandioca bem torrada que era moída fina. Essa farinha praticamente desapareceu. Mas paçoca doce de amendoim, feita com farinha branca, não tem a mesma qualidade.

E as farinhas de milho? Desconhecem os cozinheiros a variedade delas. No máximo prestam atenção agora – graças à Retratos do Gosto – àquela de Lindoia, produzida pela família Bragatto. Como é típico das fecularias atuar em mercados locais, produzindo pouco por mês, o desconhecimento é enorme! Sem se colocar o pé na estrada, palmilhar o terreno, não se sai dessa ignorância.

Há, também, os entraves que se criam dentro do próprio restaurante. Tome-se o caso do cuscuz. Muitos chefes de cozinha preferem, para fazê-lo, a sêmola de trigo utilizada no cuscuz marroquino. É bem mais fácil, comparada à dificuldade técnica de se trabalhar com a farinha de milho para se fazer o cuscuz ao vapor (técnica tradicional). O cuscuz "de panela", de farinha de milho, fica uma gororoba...

O que dizer da polenta? Muitos chefs anunciam, orgulhosos, que fazem polenta com fubá italiano! Mesmo hoje, a Itália às vezes importa milho do Brasil para fazer o seu fubá! "Tucanaram o nosso milho", poderia dizer alguém mais politizado.

Se formos para o capítulo da pâtisserie e panificação, quantas são as receitas feitas com farinha carimã? Muito poucas! Talvez os primeiros portugueses fizessem melhor uso dela do que os cozinheiros modernos.

Enfim, um universo a pesquisar, a descobrir se dispõe para os cozinheiros, e esse trabalho consiste inicialmente em (re)inscrever o produto no seu contexto de produção. Mas não podem esquecer, como disse Adrià na mesma entrevista que já citei, que "a cozinha é um tema muito complexo, onde participam todos os sentidos. Uma manga picada miúda não é o mesmo que um suco de manga. Podemos ficar dez anos fazendo estudos sobre a manga". O raciocínio de fôlego curto, com objetivo meramente comercial, não nos leva longe...

Sim, e ainda seria preciso enfrentar o (des)gosto dos clientes. Daí a preguiça, que sempre prospera diante dos obstáculos aos nossos desejos. Daí a necessidade de se desenvolver projetos de pesquisa coletivos, em que o tempo e o empenho possam ser distribuídos entre os interessados, sem que se exija heroísmo de alguém.

Pratos são como frases verbais ou musicais, unem os "gustemas" como se fossem fonemas ou notas. Notas musicais ou palavras reunidas, sem a mediação de um léxico e uma gramática, nada comunicam além do "delírio" de quem as formula. Podem ser sons momentaneamente agradáveis, mas raramente se fixam na cultura comum. Para serem inteligíveis, precisam se inscrever numa estrutura partilhada entre quem as profere e quem as recebe. O mesmo ocorre com os gustemas. A rigor, podemos unir coisas saborosas segundo uma lógica em tudo pessoal. É um delírio supor que podemos comunicar a alguém nossas sensações todas dessa maneira. Só no terreno comum podemos estabelecer, com eficácia, diferenças perceptíveis e duradouras.

Adrià, quando contrapunha "mar e montanha" (o seu caviar com tutano) pretendia pôr em contato, de maneira ousada, dois conjuntos culinários bem configurados na sua Espanha. Uma oposição cujo sentido, entre nós, é bem duvidosa. Não é à toa que os cozinheiros modernos necessitam tanto recorrer à descrição minuciosa dos pratos, especificando todos os ingredientes e processos culinários. Sem esse recurso as coisas não se ligam, a percepção da intenção do criador não se revela.

E não é por outra razão que os gourmets se esforçam em registrar, por escrito ou em fotos, o que comeram. Sem isso são incapazes de descrever uma sequência de seis a doze pratos (na cultura gourmet nada é mais importante do que o relatar *a posteriori*!). Longe vai o tempo em que palavras como moqueca, cuscuz, feijoada e macarronada eram suficientemente partilhadas a ponto de dispensar o esforço descritivo. O que está em questão é a identidade do que se come. A "mediterranização" foi a garantia de que todos os delírios criativos estavam, afinal, ancorados num porto seguro. É o que nos falta na trajetória da modernização culinária no Brasil.

EM DEFESA DE JAMIE OLIVER

Interessante a polêmica que se armou[6] em torno das recentes declarações de Jamie Oliver, classificando, no programa *Saia Justa*, brigadeiros e quindins como "um bando de porcarias".

Não importa se as declarações dele são justas ou não (e, no caso do brigadeiro, me parecem justíssimas), mas ele, que luta contra a obesidade infantil, foi lido e interpretado como se fosse um agressor da soberania nacional. Dezenas de cozinheiros e afins se armaram de argumentos, destilaram fel no Facebook, na tentativa de restabelecer a "ordem nacional" momentaneamente abalada. Os xingamentos foram de "mal-educado" a "desrespeitador da cultura dos outros", e as contra-análises frisaram a excelência dos nossos doces etc.

A xenofobia contra a crítica – qualquer que seja – é uma coisa lamentável. Tão grave quanto o preconceito contra negros, mulheres e homossexuais. A inteligência, esse dom humano, não conhece fronteiras, e o pensamento deve ser exercido com liberdade absoluta, não respeitando limites nacionais.

O ufanismo nacionalista, essa outra vertente ideológica da xenofobia, é certo, anda abalado por conta do futebol alemão. Mas o que tem o cozinheiro inglês com isso?

Teoricamente, gostamos da nossa culinária por inteiro, quando confrontada com a de outros países. E não é difícil encontrar gente que ache ela muito superior à inglesa, por exemplo. Daí defendê-la como se fosse nosso time de futebol. Mas Jamie Oliver não defendeu a sua em contraste com a nossa. Daí o sem propósito nacionalista da reação que provocou seu juízo gastronômico sobre o excesso de açúcar (ele não gostou também da garapa, mas gostou do açaí...).

---

6. Ele chamou o brigadeiro e o quindim de *shit*, em conversa com Barbara Gancia. Isso desencadeou uma série de reações na mídia – no Facebook, no Twitter etc. – do tipo "nacionalista", isto é, considerando que alguém que vai a um país não deve criticar os hábitos dos que o recebem. E, claro, defesas apaixonadas do brigadeiro e do quindim...

As pessoas que reagiram mal à crítica desconhecem a diferença entre culinária (a cozinha de um país, por exemplo) e a gastronomia (o juízo do paladar sobre qualquer comida).

A crítica gastronômica não tem fronteiras. Quando mais ampla, universal, melhor. Nesse sentido Jamie Oliver nos ajuda a refletir sobre o que parece banal, como o excesso de açúcar na culinária brasileira.

Os chefs, chefinhos e chefetes que gostariam de "exportar" a culinária brasileira naquela linha de "orgulho do meu país" devem refletir sobre as palavras de Jamie Oliver. Quem sabe uma das barreiras não se encontre justamente no que ele apontou? Então, seria necessário reconhecer que deu uma contribuição, e não realizou agressão alguma.

OS ULTRANOVOS

Sobretudo os jovens, nordestinos proletários, ocupavam os postos das cozinhas paulistanas. Antes de se encaminharem para a construção civil, procuravam ocupação nos restaurantes onde, ao menos, havia o de comer. Dormiam em cortiços, nas chamadas "camas quentes", em sistema de rodízio a cada oito horas. A eles não se dirigia sequer um olhar.

O *Guia da Folha* de 23 a 29 de abril de 2010 traz na capa a "nova safra" de chefs de cozinha (uma dezena) paulistanos. Jovens de classe média. Quase todos chegaram a essa posição a cavaleiro do capital. Nem sempre sabem "chefiar" um restaurante.

Mas o que quer dizer "novos chefs"? Gente que, apesar da idade, já faz coisas inesquecíveis? Não, pelo que percebi, o recorte é de chefs novinhos, uma demonstração da virtude da idade. Vinte e poucos anos.

Mas idade não é documento, obra sim. A matéria, por exemplo, diz que o Le French Bazar é "bem avaliado desde sua estreia". Como leio o blog *Que bicho me mordeu* não tenho essa impressão.

E lendo a matéria do *Guia* é curioso ver um deles declarar que odeia "espumas e esferas da moderna gastronomia espanhola". Provavelmente não sabe que o Adrià também execra essas cópias de algo que ficou lá no passado.

De fato, estão em formação. E, como tal, se entregam às soluções fáceis: purês de mandioquinha, maracujá pra lá e pra cá, trufa e mais trufa, a Tailândia inventada etc. Eu gosto de mandioquinha, de maracujá, de tartufo bianco d'Alba; e gostaria que a Tailândia existisse mais do que a Bulgária.

Certamente alguns crescerão, outros ficarão para trás. Claro, aposto nos guris do Dois – Cozinha Contemporânea[7], como já escrevi várias vezes. Logo logo eles vão sair da "faixa dos 20 anos". Vão ficar maduros e dizer a que vieram. Queremos cozinheiros safrados, não é? O Rodrigo Oliveira, também nessa faixa de idade, já andou bastante, e sem invencionices. Assim como o Thiago Castanho, se incluirmos os "lontanos" ou não paulistanos.

AINDA HÁ UMA ATUALIDADE DESCONCERTANTE NA "NOUVELLE CUISINE"

Em 2013, numa performance espetacular, Alex Atala matava uma galinha no palco do MAD, em Copenhague, evento que costuma provocar *frisson* na gastronomia.

Desde que o Noma apareceu como o primeiro restaurante do mundo, segundo o prêmio da revista inglesa *Restaurant*, em 2011, somos obrigados a olhar para a Dinamarca e para o chef René Redzepi, além de meditar sobre os ensinamentos da sua filosofia "locavorista".

Resumidamente, nada que é produzido a mais de cem quilômetros do local onde estamos deveria ser levado à boca (além de ser

---

7. O restaurante, infelizmente, não existe mais. Da dupla de chefs, Gabriel Broide hoje dirige o restaurante do hotel Botanique, em Campos do Jordão.

"natural", "orgânico", "sustentável" etc.). Mas cada época tem sua gastronomia, alinhada com outros fenômenos culturais.

A nouvelle cuisine francesa, dos anos 1970, tem parentesco com o movimento hippie. Graças a este, passou a considerar a relação do homem com a natureza de maneira nova. Nada ficou no lugar. E a velha França, que perdia brilho, virou mais uma vez a meca dos cozinheiros.

Mas nada é estável na cozinha. Menos de duas décadas depois, Ferran Adrià ouviu falar pela primeira vez em química e física na cozinha e isso mudou o curso da gastronomia. A técnica e suas invenções correram o mundo.

Quando Adrià fechou o El Bulli, em 2011, criou uma legião de "órfãos", sem saber para onde a gastronomia rumaria. Andou ao léu.

Um novo ciclo parece ser esperado por todos os chefs e, enquanto este não chega, seu discurso político-ideológico se limita ao marketing pessoal de cada um.

Mas tudo se resume a saber de onde se parte para chegar a algum lugar, e já não faz sentido partir de novo da gastronomia do fim do século XIX.

Como Adrià partiu da "nouvelle cuisine" para bolar sua própria cozinha, será que não ficou lá o começo de toda a modernidade culinária que é necessário revisitar?

A nouvelle cuisine chegou mesmo a elaborar um decálogo em que estabeleceu várias coisas: pregava-se evitar a complicação inútil e descobrir a estética da simplicidade; evitar molhos muito ricos e densos, retornar à gastronomia regional; buscar uma cozinha saudável; mesclar os novos sabores; utilizar as vantagens da ciência para melhorar a cozinha etc.

Que chef não subscreveria isso hoje? Há, aí, uma atualidade desconcertante, passados mais de 40 anos de seu aparecimento. A geração da nouvelle cuisine havia corrido para as bases, reinventando tias e avós, olhando em detalhe o campo, mais ou menos como hoje fazem os seguidores de René Redzepi.

Talvez os órfãos de Adrià, além de acorrerem ao MAD, tenham que refazer o percurso do mestre: voltar à nouvelle cuisine e ouvir o que aqueles "velhos", agora rejuvenescidos, disseram.

Não desprezar as novas técnicas, mas voltar à filosofia que colocava a natureza "forte" e o trabalho "desbastado" mirando o encantamento do paladar e a libertação do homem do peso da vida cotidiana sem magia. Se não for assim, a gastronomia corre o risco de ser nada.

4 ÀS VEZES É DA SUA CONTA

AS BOAS "BRONCAS" DO JOSIMAR

As "broncas" do Josimar Melo são momentos altos do seu jornalismo gastronômico. Há aquela dos peixes do sushi, a dos falsos "grelhados" (na chapa) e a de como azedar uma refeição.

Outro dia almocei no tradicional Mocambo (Rua Teófilo Otoni, 24), na Candelária, no centro do Rio de Janeiro, e vinha de uma semana de almoços e jantares em Buenos Aires. Por isso, fiquei especialmente sensível a dois aspectos da crítica do Josimar:

1 – O couvert. Como ele diz, "na origem, é uma taxa que o restaurante cobra pela manutenção de seu equipamento. Mas, no Brasil, o couvert virou sinônimo de tira-gosto, e a taxa – que deveria ser proporcional ao conforto – passou a ser avaliada em relação aos petiscos servidos". Na verdade, o "serviço" se resumia, no "de comer", à oferta de pão e manteiga e, na França, acrescentava-se uma garrafa de água. Básico. E podia ser bom. Em Buenos Aires continua assim nos restaurantes populares, bem como no Mocambo carioca. Quem quiser se entreter melhor que mergulhe nas entradas.

2 – O guardanapo. Acrescenta Josimar, ao criticar os guardanapos de papel: "em restaurantes de preços salgados, não dá para entender essa economia porca. Guardanapos de pano têm um custo para o estabelecimento, claro. Mas não parece que os preços cobrados em restaurante caros não poderiam absorver esse custo. Nossos lábios agradeceriam se pudessem se livrar daquela fricção". Eu diria ainda: o guardanapo, bem como a toalha, deveriam continuar a ser de algodão. Não por acaso ainda prevalecem em Buenos Aires. E estão presentes no Mocambo tradicional. Tão ou

pior do que o guardanapo de papel são aqueles de tecido sintético, incapazes de absorver uma gota de água. Agressivos, horríveis. Alguns restaurantes se deram conta e voltaram para o guardanapo de algodão, mas tão pequeno que mais parece um lenço de bolso.

Minhas hipóteses: os donos de restaurante perderam o pé. A noção de hospitalidade foi pro beleléu. A "economia" preside tudo. Parecem achar que os itens do conforto são antieconômicos. E, burramente, fizeram do couvert um concorrente do capítulo das entradas. Matam as entradas quanto mais "apetitosos" e caros os couverts. E pensam que estacionar o carro é mais importante que comer sobre toalhas de algodão. Não percebem que estão dando para os manobristas cerca de 10% ou mais da conta, o que bem poderia render, por exemplo, uma boa dose de uísque.

A LUTA DE MORTE ENTRE O CWOUVERT E AS ENTRADAS

A competição gera inovação, repetem os adeptos dos métodos capitalistas como os mais eficazes para impulsionar a sociedade. Mas gera também a autofagia.

Os dicionários nos dizem que couvert é o "conjunto de apetrechos (toalha, guardanapo, talheres) que se põe sobre a mesa para um repasto", às vezes incluindo, na definição, o "conjunto de alimentos que integram o serviço (pão, manteiga, pastas, azeitonas) e que precedem a refeição propriamente dita". E por refeição "propriamente dita" entenda-se tudo o mais.

Já a "entrada" foi claramente caracterizada no modelo de cardápio da hotelaria, conforme Escoffier desenhou: entradas de carne, de ave, de caça e entradas mistas, além das preparações frias (galantines, patês, terrines, saladas), que constituem um importante capítulo da refeição e nada têm a ver com hors-d'oeuvre ou antepasto, acepipe, pitéu – servido antes da entrada ou prato principal. Essa expressão surge já no século XVII.

Bom, tudo isso para dizer o seguinte: os restaurantes paulistanos, cada vez mais, borram as fronteiras entre o couvert e as entradas, elevando o preço do primeiro e afastando o cliente das segundas. Conversei com donos de restaurantes que dizem identificar uma pressão do público por couverts alentados. Mesmo a crítica gastronômica elogia os couverts fartos e variados, feitos com apuro.

No Rio, nos restaurantes tradicionais de classe média, geridos ainda pela sabedoria lusitana, aquele velho couvert ainda pode ser encontrado. Couvert é couvert, entrada é entrada, ora pois! Aqui em São Paulo, o cliente come o couvert, pula a entrada e vai direto para o prato principal. Conclusão: o "bom couvert" está matando o capítulo das entradas.

Prefiro as "entradinhas" nas quais o chef se esmera em experiências mais livres, uma compota de figo com foie gras laminado, por exemplo.

A HOSPITALIDADE PÓS-MODERNA

Há uma questão que, faz já algum tempo, vem me incomodando: o sentido da mudança dos padrões de hospitalidade nos restaurantes paulistanos. Acho que hospitalidade é dar conforto ao cliente, fazê-lo se sentir bem, relaxado. Agradecido pelos momentos agradáveis que passou na casa de alguém, sairá um verdadeiro devedor. Deve gratidão.

Mas você, hoje, já não consegue levar à boca uma comida sem antes escutar uma (às vezes longa) explanação do garçom sobre o que é aquilo que vai comer. E, para quem conhece um pouco de culinária, quase sempre se ouve uma explanação errada. Acho que essa moda começou com a dita "cozinha molecular", em que nada deve ser o que parece, e o discurso ensaiado do garçom parece um chamamento à razão. A moda se espraiou como uma febre, e as informações mais comezinhas são dadas sem que ninguém tenha perguntado. O que me acrescenta ser informado que algo foi feito "à baixa temperatura", se o garçom não sabe em qual temperatura?

Outro dia tive que ouvir pacientemente que a bresaola é "uma espécie de carne seca". Eu não havia perguntado nada... apenas pedira uma entrada de frios e queijo. Depois, diante do prato principal, fui advertido que "o chef não recomenda colocar queijo ralado no risoto" – e olha que o queijo já estava à mesa, embora eu não houvesse pensado em usá-lo. Num outro restaurante, em Teresópolis, sem brincadeira, ouvi que escargot era "um marisco". Coincidentemente, era uma mesa de biólogos, e a explicação valeu boas risadas.

Está certo que nem todo mundo sabe sobre o que vai comer. Mas o restaurante tem que virar uma espécie de instituição de ensino fundamental da gastronomia? Cozinhar bem não redime ninguém. Restaurante não é "comedouro" no sentido impessoal do termo, como se fosse um cocho de bois. Nada disso! É convivência. Por isso é uma relação tão delicada. E não raro me pego pensando: será que vale a pena sair de casa e pagar para ser aborrecido? Lugares aonde eu iria de bom grado para comer me fazem balançar quando considero esses aspectos pedagógicos da refeição aos quais serei, impositivamente, submetido.

Acho que essa moda de explicar tudinho, tintim por tintim, começou em São Paulo no antigo Venitucci. O dono, o senhor Vincenzo, achava o máximo explicar ao cliente "aquela receita de três mil anos". Ou seja: ele apostava na curiosidade arqueológica dos clientes, no apelo da tradição como algo mais forte do que seu próprio comportamento no salão.

O que vi lá, nas poucas vezes que fui, eram casais mais velhos, gente de origem humilde, mas que "subiu na vida", com seus Honda ou Subaru estacionados à porta, colete xadrez, querendo comer sua honesta massa de final de semana. Essa gente era tiranizada pelo proprietário. Talvez até se sentisse segura sob seu guante. Mesmo que ele fizesse uma boa comida – e é inegável que às vezes fazia –, a convivialidade que criava em torno das mesas era, para mim, lamentável.

Mas os moderninhos ou "ultramodernos" também adotaram esse hábito. Não era problema do senhor Venitucci. Ele apenas foi um pioneiro nessa chatice. Hoje você não consegue ir a restaurantes da moda sem voltar "mais culto" para casa. Hoje você não pode sair para apenas comer um prato de comida.

Isso sem falar sobre os outros aspectos da hospitalidade, mais propriamente comerciais, sem sintonia com as regras que regem esse contrato que se estabelece ao se transpor a porta de um restaurante.

A cobrança da rolha, por exemplo. Claro que se pode cobrar, mas precisa estar escrito no cardápio que se cobra e quanto se cobra. A conta não pode vir com um valor não acordado previamente. Nem se pode cobrar 10% de serviço sobre a rolha, que já é 100% serviço! Se a moda pega, logo virá com 10% sobre o estacionamento.

Enfim, acho que, além das panelas, os proprietários dos restaurantes precisam meditar sobre a hospitalidade que querem oferecer, e que aparece de modo incômodo quando não é pensada e planejada, como o é a receita ultramoderna.

A PRECEDÊNCIA NO DIREITO COSTUMEIRO DOS RESTAURANTES

Luiz Américo Camargo, crítico do caderno Paladar, do jornal *O Estado de São Paulo*, chama atenção sobre a ordem de precedência no serviço dos restaurantes, ou melhor, para a desordem que tem se generalizado, preterindo-se as *ladies* em prol dos senhorios que, teoricamente, "pagam a conta". É uma inversão total do antigo código da cavalaria!

E me lembrei que, invariavelmente, se você pede um refrigerante e a senhora ou senhorita que o acompanha, um chope, na hora de servir o garçom inverterá o pedido. Desatenção? "Sinal de erosão daquelas boas maneiras básicas, mínimas. Aquilo que parecia tão óbvio quanto dizer "boa noite", "por favor", "obrigado", como sugere Luiz Américo?

Sim e não. Ambos. Serviço à francesa, à americana, à russa se sucederam ao longo do tempo. Mais recentemente surgiram no Brasil o sistema de rodízio e o sistema "é o senhor que serve" (*sic*), dito também self-service. É uma confusão muito grande. O garçom se sente não como a alma do serviço, mas como um mero auxiliar seu. Traz isso ou aquilo, leva o prato usado etc.

Para pôr ordem nisso, é preciso uma reciclagem dos garçons, recrutados sabe-se lá como. Alguém que explique que hospitalidade é mais do que colocar o garfo e a faca do "lado certo" e que a abordagem do copo do cliente também tem lado, mas que o garçom não precisa se espremer na parede para seguir a regra.

DIÁLOGOS NA AUSÊNCIA DE PLATÃO

Para mim, o bom serviço de restaurante é aquele que me deixa à vontade, sem sentir seu peso dirigindo as minhas decisões. É sempre bom ter por perto alguém que esclareça dúvidas, em vez de buscar me enquadrar num ritmo qualquer de escolhas esperadas pela casa. O andamento da refeição exige, a cada momento, um serviço adequado. Comento aqui coisas observadas em restaurantes que aprecio muito.

Quando você chega e se instala à mesa, o que espera? Eu espero que seja entregue o cardápio, seja servido o pão e algo mais (me basta a manteiga), e que o garçom saiba esperar a minha escolha no cardápio, ficando atento para o término da leitura. Junto com o cardápio, deve perguntar se quero água. É gentil. Mas a bateria de perguntas seguintes, que está se tornando usual, é demais:

– O senhor quer vinho?

Parece que nenhum garçom ou maître sabe que a escolha do prato – carne ou peixe, por exemplo – condiciona a escolha do vinho.

– Primeiro quero escolher o que vou comer, depois o vinho... Gostaria de água.

– O senhor quer São Lourenço ou perrier (às vezes, San Pelegrino)?

– São Lourenço – diz você, sentindo-se levado a um involuntário nacionalismo aquoso.

– Com gelo e com rodelas de limão?

– Não, só gelada e com gás.

E vem a água sem gás e com gelo; você pede para trocar.

Em alguns lugares, aparece alguém com o couvert dito "optativo".

– O senhor aceita?

– Não, obrigado.

E daí já olham com cara de que, finalmente, identificaram um cliente encrenqueiro. E, já que você recusou o couvert, não oferecem nem o pão com manteiga. Você precisa pedir. Como os pães são ótimos, vale o esforço.

Pessoalmente, eu gostaria de ser tratado a pão e água até decidir por outra coisa.

Você pede o prato. E não trazem a carta de vinhos se você não pedir também, pois já fora oferecida anteriormente e você disse que *ainda* não tinha condições de escolher. Não notam que sua condição mudou.

Essa sequência deveria ser automática, sem tropeços, pois a refeição mal começou. Mas são diálogos conduzidos pela intenção de vendas, não são "focados no cliente", como se diz hoje em dia. O conforto só brota à mesa quando você é o *decision maker*, não os agentes de venda da casa.

BISTROISMO

No léxico gastronômico paulistano, o que é um bistrô? Historicamente, é um modelo de negócio alimentar de dimensão familiar:

na cozinha, o marido; no caixa, a mulher. Não existem "chefs", nem esses profissionais se consideram "chefs" no sentido moderno, quando esta palavra designa um criador. Por absorver os donos na força de trabalho, é a típica atividade pequeno-burguesa em que lucro e salário se misturam de maneira inextrincável. O cardápio de bistrô esteve apoiado, ao longo do tempo, na "cozinha burguesa". Mas, a partir dos anos 1980, especialmente em Paris, começaram a se formar redes de bistrô.

A cozinha centralizada foi se insinuando no ramo, reduzindo custos, homogeneizando o gosto e redefinindo o papel dos proprietários no conjunto de atividades. Muitos bistrôs, assim como brasseries, se tornaram "lojas de acabamento" dos pratos produzidos de modo centralizado.

Há alguns anos começou uma nova moda: os chefs renomados abriram seus bistrôs como um "lado B" da sua atividade principal. O melhor exemplo é Christian Constant. Ele, que já passou pelo Ritz e pelo Hotel Crillon, possui hoje quatro casas em Paris, sendo a mais famosa o Violon d'Ingres. Outro exemplo é Yves Camdeborde, proprietário do concorrido Le Comptoir. Ambos já trabalharam juntos, mas talvez o que os vincule, em termos estilísticos, seja a exploração atual da culinária de feição mais tradicional, com acentos regionais, "sem máquinas de sous-vide ou Thermomix", como dizem. Eles estiveram no Brasil justamente por conta do interesse brasileiro por essa moda dita bistronomique.

O que seriam bistrôs brasileiros? Casas franco-fakes ou pequenos restaurantes de proprietários-cozinheiros? O Mocotó é um bistrô brasileiro? Ou é o Ici? Mas o Beni fica lá, na cozinha o tempo todo? Ou seria o bistrô aquele estabelecimento que, independente do modelo de negócio, apresenta um cardápio que rememore o bistrô que foi modelar na França?

Pode parecer preciosismo, mas em cursos das escolas de gastronomia esse conceito ocupa um papel importante no entendimento da realidade empírica dos restaurantes paulistanos. Uma coisa é analisar um modelo de negócio; outra, um cardápio.

PELA DESINTERMEDIAÇÃO NOS RESTAURANTES MÉDIOS

Pensando no restaurante médio – aquele tipo ideal simpático que existe na cabeça do Luiz Américo Camargo – é preciso encontrar uma forma de baratear os seus preços. Já dissemos que um caminho é aliviar o couvert e a água. Outro caminho é diminuir a intermediação.

Afinal, nesses restaurantes, para que servem o maître, o sommelier, a hostess, o segurança e o porteiro? Provavelmente para nada ou muito pouco.

Você não tomará um grande vinho, a menos que traga de casa. Não há nada que um maître faça que um "chefe de fila" não possa fazer.

Segurança? Já leu algo sobre os últimos assaltos a joalherias? Você se sente mais seguro quando há um "armário" de terno preto à porta? E a mocinha que abre a porta? E a hostess? Passo muito bem sem esses personagens.

É preciso inovar nos serviços tanto quanto nos cardápios. Para isso é preciso reformar as ideias. E reformar as ideias significa reconhecer que essa unidade de prestação de serviços pouco ou nada tem a ver com o modelo original da grande hotelaria – para o qual foram definidos esses personagens.

O sommelier é um profissional que, teoricamente, deve ser um grande expert em vinhos, capaz de conduzir o cliente por uma carta bem ampla e variada. Um restaurante que possua três dezenas de ofertas não precisa de sommelier. Basta o restaurante fazer suas indicações e empenhar seu nome naquilo que aposta para orientar o cliente. Afinal, se alguém aposta numa determinada linha de pratos, por que não apostaria numa determinada linha de vinhos – numa relação qualidade/preço que pareça convincente?

Os donos de restaurantes são, como a maioria dos consumidores, vítimas do embuste do marketing do vinho. Você já notou que, num supermercado, não pode se aproximar de uma gôndola de vinhos sem que apareça um funcionário para perguntar "posso lhe ajudar?" O mesmo não acontece com os macarrões, e duvido que o comum dos consumidores saiba a que se presta cada tipo de massa.

O maître é ainda mais complicado. Raramente é aquele grande conselheiro que seria num hotel de primeira linha. Em geral se limita a anotar, ou a sugerir o que você já leu no cardápio. Coisa que um garçom bem formado na "escola francesa" saberia fazer perfeitamente. O papel de liderança da equipe pode muito bem ser feito por um garçom mais experiente, o "chefe de fila".

O mais nem é preciso comentar. A mocinha bonitinha ou simpática, chamada hostess, não acrescenta um átomo sequer de sabor ao prato.

ARMADILHAS DA HOSPITALIDADE (PARA CLIENTES E PROPRIETÁRIOS)

Um dos aspectos mais importantes num restaurante é a hospitalidade, como já disse antes. Tanto ou mais que a comida, visto que raramente voltamos para comer um bom prato onde não nos sentimos convenientemente acolhidos. A hospitalidade faz de um lugar onde você está temporariamente um desejo permanente.

Todos os serviços estão ligados a essa ideia, e ela começa a agir antes mesmo de você chegar. Por exemplo, a reserva. Se o restaurante não faz reserva após as 21 horas – como é usual em São Paulo –, para que então o sistema de reservas enganador? Para que a hostess, já que um dos seus papéis principais é acolher e orientar o cliente que fez a reserva?

Outro exemplo: posso ou não levar meu vinho de casa? Há casas que permitem, outras que não permitem. Essa é uma diferença essencial para quem tem uma boa garrafa de vinho e quer degustá-la com boa comida.

E aqueles restaurantes onde, sem mais nem para quê, você é abusivamente servido de água, cerveja ou uma taça de champagne ao chegar e, depois, leva um susto na conta? Fico imaginando esses artifícios sendo engendrados entre maîtres, barman, gerentes e proprietários. Os espertos contra os tolos num jogo de soma zero no médio prazo.

Às vezes sinto também que as taças de vinho estão fora do lugar: carta de vinho modesta, taças de cristal e muita empombação no serviço. O cardápio aposta no discernimento do cliente ou constrói frases rebuscadas para explicar o inexplicável? Ele se curva diante dos mantras modernos ("orgânico", "natural", "crocante", "forno a lenha") ou simplesmente estabelece uma comunicação econômica e correta na descrição dos pratos?

As ideias de conforto arquitetônico, iluminação e som ambiente também se juntam para definir um conceito de hospitalidade. O preço do estacionamento também. Há casas que participam do valor cobrado. Afinal, estão para vender alimentos ou montar um caça-níqueis em todas as brechas?

Tudo isso tem uma lógica econômica, é certo. Vai se modificando a hospitalidade para fazer frente à concorrência ou simplesmente "nivelar-se" com o mercado. Mas será que não se vão os dedos junto com os anéis? O que o proprietário julga essencial quando sacrifica itens da hospitalidade?

Nada substitui essa reflexão básica quando se abre um restaurante. Como queremos que o cliente se sinta? Numa extensão de sua casa, num aquário para ver e ser visto ou como um príncipe por duas horas – desfrutando um luxo ao qual normalmente não tem acesso? Contamos apenas com a demanda aquecida de uma classe média que cada vez mais quer comer fora de casa?

São Paulo criou várias alternativas ao longo de sua história. O modelo "tratoria" ou "bistrô"; o modelo restaurante "família"; o "templo da alta cozinha"; o comedouro simples e despojado para a clientela do bairro; a pizzaria dominical; a churrascaria rodízio.

Cada modelo desses deve encarnar uma proposta clara de hospitalidade, assim como uma cozinha de fácil intelecção.

Os proprietários deviam pensar em como eles mesmos gostariam de ser recebidos, e não olhar a clientela como um rebanho do qual extrairão um ticket médio estabelecido como meta para garantir uma margem de lucro deste ou daquele tamanho. Lucro e hospitalidade confortável não são incompatíveis.

Às vezes nos surpreendemos diante de casas que, apesar da boa comida, não "pegam". Não será por que os proprietários não se detiveram um minuto sequer sobre o modelo de hospitalidade a praticar?

DIÁLOGOS CONTEMPORÂNEOS

O sujeito faz aniversário e, talvez por isso, data especial, resolva tomar aqueles vinhos que vem guardando há tempos. Convida amigos, escolhe o restaurante e leva duas garrafas.

A sommelière da casa concorda que são vinhos especiais (quer dizer, nunca viu antes). Mas o diálogo é inevitável:

— Nós cobramos R$ 40 de rolha.

— Ok.

— Por cada garrafa...

— ?

— ...

— E se for uma garrafa magnum?

— Cobramos duas rolhas...

— E se for meia garrafa?

— Ah, preciso perguntar para o maître.

Enquanto imagino o esforço do serviço medido pelos centilitros, um garçom, talvez mais escolado na filosofia da casa, se adianta:

— Aí cobramos meia rolha...

Não resisto e pergunto:

— Se eu pedir um prato e comer só meio prato, o senhor achará justo que eu pague somente 5% de serviço, não é?

A resposta é o silêncio.

(Ao chegar em casa, me penitenciei pela minha etnografia amadora. Faltou perguntar: "E se eu trouxer uma magnum, tomar meia garrafa, arrolhar e levar de volta, quanto pagarei?").

Talvez você ainda se lembre daquela frase de padaria: "o freguês tem sempre razão", aplicada nas situações menos razoáveis, depois substituída por algo mais elaborado, tipo "foco no cliente". Isso não quer dizer hospitalidade, mas foco no bolso do cliente.

Para manter certos prazeres, só refluindo da esfera pública para o âmbito privado. Será isso um "bom negócio" para os restaurantes argentários?

À MESA, O ZÉ-NINGUÉM

O estilo de descrição rebarbativa vai tomando conta do continente com a mesma eficácia da gripe suína. Fui xeretar o cardápio do Restaurante Sud, do Hotel Sofitel Buenos Aires, e encontrei essa joia de descrição:

"De sua nova carta noturna, podemos destacar alguns pratos como: a torta de centolla, marmelada e espuma de tomate, tapenade de azeitonas pretas e amêndoas torradas, coulis de pimentões vermelhos, vinagrete de pistache e azeite de nozes. Risotto al nero di seppia, azeite de trufa branca, tomate seco, polvo grelhado e espuma de açafrão. Paleta confeitada por 16 horas com especiarias e tomate assado, endívias refogadas com cítricos confeitados. Lombo em crosta de ervas e nozes, suco de cocção. Merluza negra à manteiga de gengibre e confit de cítricos, legumes da estação braseados com ervas frescas, redução de vinho branco aromatizado com dill e sementes tostadas de erva-doce. Para terminar, uma alternativa de sobremesa pode ser a tarte tatin de abacaxi recheada com creme Chiboust, sorvete de limão e creme inglês de coco torrado".

Comeria de bom grado a merluza negra com manteiga de gengibre e acompanhamento de legumes. Com a descrição, fiquei empanturrado antes de comer! E essas 16 horas da paleta, hem? Também comeria a tatin de abacaxi com sorvete de limão, se eu soubesse, de bate-pronto, o que é esse creme Chiboust (quanta gente sabe que é o mesmo creme Saint-Honoré? E quem sabe que é um creme pâtissière suavizado com chantilly)? Que raios é um creme inglês de coco torrado? O que é um vinagrete de pistache? Tudo cansa muito.

Outro dia reclamei do serviço em que os garçons ficam recitando essas coisas à mesa. Agora, temos a recitação por escrito. No futuro, teremos a íntegra da receita. Comer será só para conferir como o chef executou a receita. Aplaudi-lo ou fazer reparos técnicos, como sugerir uma hora a mais ou a menos nas 16 que nos apresenta.

Falta de imaginação, mente burocrática. Fico pensando que Escoffier jamais emplacaria suas receitas se as descrevesse em vez de batizá-las: Pêche Melba, Oeufs Belle Hélène, Médaillons Laurent e assim por diante. Essas pessoas, de carne e osso, comiam em seus restaurantes. Melba podia ser vista à mesa ou no teatro de ópera. Era uma elite, uma comunidade de seletos que se conheciam.

Hoje esses nomes nos dizem pouco, mas diziam muito à época e para o seu público. Mas será que o público anônimo de hoje precisa ser castigado com descrições técnicas para reconhecer a sua insignificância? O bauru, que todo mundo sabe o que é, não foi batizado assim por conta de um jornalista de Bauru que frequentava o Ponto Chic? Verdade ou lenda, favorece uma referência social do prato e de quem o come, muito melhor do que as tecnicalidades frias em que os chefs se atolaram.

OS RESTAURANTES E O LUXO DAS MASSAS

O sucesso de um restaurante é das coisas mais misteriosas. Por mais que seu chef ou proprietário acredite que está em suas mãos construí-lo, as informações do mercado dizem o contrário. Em 2011, data da última pesquisa que conheço da Abrasel (Associação Brasileira de Bares e Restaurantes), São Paulo tinha cerca de 70 mil bares e restaurantes, mas 35% dos restaurantes abertos encerravam as atividades antes de um ano, ao passo que apenas 3% conseguiam completar dez anos. Isso quer dizer que o ciclo de vida é necessariamente curto, inferior a uma década, e é determinado por mais fatores do que seus talentosos controladores podem perceber.

Aqueles que ultrapassam os marcos temporais mais distantes alimentam os sonhos e esperanças daqueles que, ano a ano, abrem suas portas, em geral fechando logo. Para sobreviver é preciso que interpretem bem as tendências do mercado, respondendo ao que o público deseja em termos de cardápio, preço, *décor*, localização. Não é fácil, e é preciso fôlego capitalista.

Como escreveu Balzac na sua análise fria dos efeitos do capitalismo sobre a cultura em geral (*Ilusões perdidas*), "uma das maiores tolices do comércio parisiense é querer encontrar o sucesso nos análogos, quando ele está nos contrários. Em Paris, sobretudo, o sucesso mata o sucesso". A Paris do século XIX era apenas um microcosmo do que se expandiria infinitamente, inclusive como modelo para outros países e, hoje, "o sucesso mata o sucesso" em toda parte, isto é, os nichos de mercado não comportam o crescimento ilimitado da concorrência. É preciso que esta descubra novos nichos. Na culinária e nos demais ramos do consumo, a inovação é responsável pela atração do público que, mesmo sem consciência clara, a desejava.

Nas duas últimas décadas, assistimos à expansão dos shopping centers e, neles, das praças de alimentação. A lógica que se impôs foi a ancoragem nas cadeias de fast food, que logo identificaram as condições para um crescimento mais ou menos tranquilo. A mortalidade delas foi quase nula. Marcas internacionais ocuparam o terreno com desenvoltura. Outras, nacionais, se criaram e algumas prosperaram, tendendo hoje à internacionalização em caminho inverso.

Nos últimos cinco anos, os próprios shopping centers, já satisfeitos nesse segmento de mercado, começaram a inovar, procurando atrair os restaurantes "de rua" com marcas consolidadas em segmentos superiores de renda. "Os shoppings que tiveram essa visão certamente ganharam em termos de imagem. O mesmo vale para os restaurantes, pois é essencial acompanhar os novos hábitos, e os shoppings se tornaram parte da vida do nosso público", diz Rogério Fasano.

Os analistas atribuem o fenômeno ao crescimento do mercado de luxo e de shoppings cada vez mais sofisticados, requerendo menus assinados por chefs de prestígio e, com eles, um novo perfil de clientes. "Trata-se de um público diferenciado, que não costuma frequentar as praças de alimentação consideradas por eles barulhentas e com muita circulação, num espaço aberto e sem nenhum privilégio ou exclusividade. Essas pessoas querem encontrar o restaurante ou café que já conhecem e apreciam. E, além de um atendimento especial, fazem questão de circular e serem vistas sempre nos melhores lugares", declara o consultor Adir Ribeiro, especializado em varejo e *franchising*.

Essa "massificação do luxo" gerou uma força centrípeta que atraiu ou está atraindo, especialmente em São Paulo e Rio de Janeiro, marcas como Forneria San Paolo, Tre Bicchieri, Pobre Juan, Due Cuochi, Gero, Rodeio, Parigi, Rufino's, Barbacoa, Jardim de Napoli, Ritz etc. Nesses novos espaços, as marcas se tornam um simulacro de si próprias, com cozinha mais simplificada, apoiada no que é sucesso nas matrizes. Contam, ainda, com o benefício do marketing dos shoppings e a afluência de público que vai além da sua clientela usual. É a emergência da *fast fashion* em gastronomia, a exemplo do que ocorrera no território da moda por volta dos anos 2000. Muitos empreendimentos monotemáticos até conseguem pegar carona nessa onda, como é o caso das "brigaderias", "cupcakerias", "nutellerias" e assim por diante, como foi no passado a Casa do Pão de Queijo.

Os capitais, é claro, também se reorganizam nesse novo ciclo. Cada nova loja exige um investimento expressivo, de sorte que os antigos proprietários das marcas precisaram se associar a investidores capitalistas para constituir grupos profissionais de novo tipo. Surgem, então, autênticas organizações capitalistas, bem distintas em sua lógica financeira e em gestão daquele antigo modelo artesanal.

Mas se na Europa a formação de redes de restaurantes se deu pela agregação de várias unidades tradicionais "de rua", que se mantiveram mais ou menos incólumes e sustentaram à frente chefs de projeção (Ducasse, Georges Blanc, Antonio Carluccio etc.), aqui uma propriedade mais ou menos impessoal vai se projetando como gestora dos negócios em shoppings, ousando mesmo criar marcas novas para esses espaços exclusivos.

Esse movimento de vulgarização da gastronomia, contudo, não concorre com ela de modo frontal. Um público diferenciado, que abarca desde segmentos ultraesnobes até gastrônomos intelectualizados, continua a fornecer clientela para um tipo de restaurante mais experimental e "minimalista", em que a pesquisa de ingredientes e inovações técnicas dão a tônica. Trata-se de uma espécie de "alta costura" culinária, cuja vitalidade depende de mexer com os sonhos e fantasias das pessoas, oposta à standardização que as antigas marcas desenvolveram nos pisos dos shoppings, no estilo prêt-à-porter; afinal, nada mais interessa do Jardim de Nápoles, para o grande público, do que seu surrado polpetone.

Houve, então, uma bifurcação de caminhos: a "rua" permaneceu como o terreno da "seleção natural", o espaço no qual as marcas têm que se afirmar contra tudo e todos; os shoppings, o espaço de "conservação das espécies" vencedoras, agora sob condições controladas de "estufa". E se considerarmos todo o esforço abortado pelos novos restaurantes de rua que não dão certo, têm-se a noção do imenso investimento para a produção de uma marca capaz de subir ao pódio do shopping center.

Essa tendência durará até a saturação do mercado de shopping centers, nas principais capitais do país e nas cidades prósperas do interior. O resultado disso será a alegre sensação do consumidor de que nunca antes se respirou tanta "gastronomia" no país.

I - FOOD TRUCK: A RECONQUISTA DO ESPAÇO PÚBLICO?

Na minha maneira de ver, a democracia, em São Paulo, passa pela reconquista dos espaços públicos por todos. Das ruas, especialmente, que assumiram a feição de corredores de carros, não de locais de interação entre os cidadãos.

Fez parte da luta por essa reconversão a reivindicação pela legalização da comida de rua. Essencialmente, a prefeitura parar de perseguir os vendedores ambulantes de comida. E eis que, recém-eleito, o vereador Andrea Matarazzo apresentou um projeto autorizando a comercialização de comida nas ruas.

Só quero acrescentar que, completo esse ciclo, o que observamos é que a rua ficará *chic*, e não necessariamente democrática.

O *Guia da Folha* traz a relação de várias iniciativas que se beneficiarão da medida, levando para as ruas uma culinária de classe média, bem estabelecida na cidade. Nada contra isso, claro. Teremos (como exemplo): Me gusta, Gelato Boutique, Astor Truck Bar, Buzina Food Truck, EATinerante, Fichips, a turma dos Rolando (massinha, doguinho, churrinho) e vem por aí até o Food Park, no gênero do Mercadinho Chic, Chefs na rua, O Mercado.

Que estes empreendedores conquistem as ruas é meritório. Mas, involuntariamente, lançam uma cortina de fumaça sobre a situação dos vendedores tradicionais de comida de rua, que amargam a situação de "clandestinidade".

A legislação aprovada mostrou que não se constitui numa oportunidade para a comida de rua tradicional. Haverá um controle das administrações regionais sobre essa atividade, e a aprovação (o termo de permissão de uso do espaço público) dependerá de uma comissão a ser estabelecida em cada uma delas, com representantes da vigilância sanitária, da CET; uma burocracia enorme e, é de se supor, uma alta dose de arbítrio.

Você, de sã consciência, acha que aquele camarada que vende pequi nas esquinas do centro, ou vende mandioca em carrinhos de pedreiro, bolo, pastel ou queijo da Canastra, conseguirá se legalizar?

Francamente, não acredito. Teremos então duas cozinhas de rua: a *chic* e a pobre; New York *versus* Marsilac. E enquanto isso todos nós admiramos a grandiosidade popular do Mistura, em Lima. Qual será o segredo peruano?

II - FOOD TRUCK: ALGUMAS QUESTÕES

"Não deixa de ser digno de reparo ver que das casas mais opulentas desta cidade, onde andam os contratos e negociações de maior porte, saem oito, dez e mais negros a vender pelas ruas da cidade, a pregão, as coisas mais insignificantes e vis; como sejam mocotós, isto é, mãos-de-vaca, carurus, vatapás, mingaus, pamonhas, canjicas, isto é, papas de milho, acassás, acarajé, abarás, arroz de coco, feijão de coco, angus, pão-de-ló de arroz, o mesmo de milho, roletes de cana, queimados, isto é, rebuçados a oito por um vintém e doces de infinitas qualidades, ótimos, muitos pelo seu asseio, para tomar por vomitórios; o que mais escandaliza é uma água suja feita com mel e certas misturas que chamam de aluá que faz por vezes de limonada para os negros"[1].

O comércio de rua é secular no Brasil. Depois, os comerciantes estabelecidos triunfaram sobre ele. E o aprisionaram sob a pecha

---

1. Luís dos Santos Vilhena, *A Bahia no século XVIII*. Salvador: Editora Itapuã, 1969, v. 1, p. 130.

de "anti-higiênico". O período de José Serra na prefeitura foi o auge do higienismo. A partir de 2007, a prefeitura não concedeu mais alvará para comércio de alimentos nas ruas.

Apesar disso, quem passe pela rua Haddock Lobo verá um "food truck" estacionado permanentemente diante do Hotel Renaissance, vendendo de tudo, cobrando até com cartão de crédito. Como ele foi parar ali? É um caso a se estudar para melhor conhecer as práticas, formais e informais, emanadas dos agentes públicos...

Ironicamente, foi o ultrasserrista Andrea Matarazzo o autor do projeto aprovado em primeira votação que regulamenta o comércio de rua. Agora, Paladar e Comida dão destaque ao assunto, depois da primeira votação do projeto. A acrescentar:

- A regulamentação "fixa" o ambulante, o que parece um contrassenso. O modelo norte-americano de food truck (tem chef, chefinho e chefete já usando essa expressão por aqui, como se o português falhasse) serviu de fonte de inspiração para o vereador. Ele deixa de fora, portanto, o ambulante. Se o camarada quiser sair por aí, deambulando à busca de clientes, NÃO PODE! Por quê?
- O assunto é tratado como se fosse uma questão de estacionamento. Não é à toa que a CET está envolvida.
- Cria-se uma nova burocracia para autorizações em cada regional da prefeitura. Tudo será tratado caso a caso. Por que a cidade não é loteada como no caso da zona azul? Simples ato administrativo, sem precisar novas burocracias.
- O aspecto sanitário será regulado *a posteriori*. Não é este o aspecto mais importante?
- Ao limitar a licença a um único CNPJ opta-se por um modelo econômico de exploração. Por que a prefeitura acha isso necessário? Que mal haveria na formação de empresas maiores? Os pequenos estão para sempre condenados à pequenez?
- Afinal não se trata de criar um serviço de novo tipo? Quais as necessidades a que ele deve atender?

Enfim, este é só o começo de um longo curso de questionamentos necessários.

III - FOOD TRUCK: COMO TRANSFORMAR AMBULANTES EM ESTACIONÁRIOS

O senhor Andrea Matarazzo, quando candidato a vereador, começou a se movimentar para elaborar um projeto de lei que regulamentasse o comércio da chamada "comida de rua". Ele não possuía tradição na área e seu interesse se deu em função dos acontecimentos da Virada Cultural de 2012. Uma vez eleito, apresentou o Projeto de Lei n. 01-00311/2013, publicado no diário oficial do município em 10 de maio de 2013.

Além de analisar o projeto, é preciso analisar sua justificativa – pois nela se expressam com clareza as intenções do proponente e como ele pretende que o projeto seja lido.

Segundo Matarazzo, "cada vez mais o comércio informal de alimentos vem crescendo como uma alternativa ao emprego formal". Ora, trata-se evidentemente de algo que não é uma escolha das pessoas: são "informais" porque lhes falta, por exemplo, capital; são informais também porque o poder público, nos últimos sete anos, não concede autorizações para a atividade, embora a norma para tanto exista. Assim, é meritório que se reconheça a natureza social do problema, faltando a análise das causas de modo a atacá-las corretamente.

Para o vereador "não é possível nem desejável a proibição total, tampouco um cenário de vistas grossas", de modo que, através da "regulamentação da atividade será possível conferir maior tranquilidade àquele que pretende trabalhar com o comércio de comida de rua". Em certo sentido, é a promessa de que a fiscalização municipal parará de perseguir vendedores de rua (o que, diga-se, não exige uma lei, mas sim uma orientação política clara e firme dos dirigentes para a burocracia municipal). Afinal, só numa visão totalitária algo "não regulamentado" é o mesmo que "ilegal". Digamos que é "a-legal"...

Mas, qual o juízo que ele faz da administração municipal? "Tal atividade de comércio tem sido realizada de modo desorganizado e sem controle ou fiscalização, sem atendimento a parâmetros de higiene e segurança do alimento, pondo em risco a saúde da população. Assim, mostra-se necessário e urgente a regulamentação dessa atividade".

Lendo esse breve diagnóstico, me ocorre: como sabe o vereador que não há "atendimento a parâmetros de higiene e segurança"? Quais as estatísticas sobre contaminação, originada do consumo de comida de rua, em que se baseia? Qual o diagnóstico sobre as condições de produção dos alimentos de rua? Não há qualquer preocupação em fundamentar as afirmações. Trata-se, então, de meros preconceitos aos quais quer que o leitor se converta. Em outras palavras: o velho viés higienista. Quanto à "desorganização" e "controle", é algo que diz da burocracia do Estado, não da população ou dos comerciantes. Mais uma vez, que se diga que é possível resolver essas questões sem recurso a novas leis; através de uma reforma administrativa, por exemplo.

No entanto, um objetivo coletivo se insinua no projeto: "propiciar a compatibilização com o ordenamento urbano, a segurança dos consumidores, e o uso adequado dos espaços públicos". Mas como se pretende fazer isso?

Diz a justificativa: "O universo abarcado pela proposição é formado pelos comerciantes de alimentos que exercem sua atividade em: veículos automotores ou tracionados por um veículo a motor (vans, trailers, veículos urbanos de carga etc.); em equipamentos tracionados pela força humana (como os carrinhos); e em barracas desmontáveis", através da "emissão de um termo de permissão de uso pela subprefeitura onde o solicitante pretende se instalar, observados os critérios estipulados pelo projeto para obtenção da permissão".

Fico imaginando essas pessoas que, vivendo no desemprego, ou aposentados, se postam em saídas de metrô, em esquinas movimentadas, ou percorrem ruas da periferia vendendo mandioca, pequi quando é época, queijo minas, ou pães de porta em porta. Utilizam para tanto sacolas, carrinhos de pedreiro, pilhas de mercadorias feitas sobre caixotes – enfim, toda sorte de expedientes criativos ao alcance de quem não tem recursos. Do dia para a noite terão que procurar a subprefeitura para poderem continuar fazendo o que sempre fizeram, tendo que atender a uma nova série de exigências – como motorizar-se ou estabelecer barracas. Como não conseguirão preencher os novos requisitos, passarão de "informais" a "clandestinos".

O *modus faciendi* proposto pelo vereador: "Para cada subprefeitura, a criação de uma Comissão de Comida de Rua, composta por representantes da própria subprefeitura, da Companhia de Engenharia de Tráfego – CET, da Secretaria Municipal de Saúde, do Conselho de Segurança – CONSEG e de associações de bairros ou moradores. A Comissão será responsável pela análise das solicitações de permissão de uso, observadas características do equipamento, local onde se pretende a sua instalação e os grupos de alimentos que se pretende comercializar".

Essa parece ser sua grande obra. Mas seria um bom princípio evitar qualquer expansão da burocracia pública. Um colegiado desses, em cada uma das 31 subprefeituras de São Paulo, é um enorme novo aparato burocrático. Seria muito mais fácil, por exemplo, a CET estudar a cidade determinando onde os vendedores poderiam estacionar seus veículos (quando tivessem veículos), assim como há áreas para zona azul (carros comuns, táxis, idosos, caminhões etc.). Para que uma comissão a analisar *ad hoc*? E a Secretaria da Saúde, tendo suas atribuições revistas, poderia executar suas funções sem integrar qualquer nova comissão, e assim por diante.

É preciso acabar com o casuísmo – a análise "caso a caso" – que torna a atividade susceptível a influências nem sempre claras e legítimas, à influência da sociedade de compadres, à pressão dos vereadores e assim por diante. O que se cria através da Comissão de Comida de Rua é uma nova moeda de barganha.

A dimensão subjetiva e o risco de favoritismo são óbvias quando diz o vereador: "Uma vez requerida a permissão e autorizada pela Comissão, esta convocará um chamamento público daqueles interessados em oferecer no mesmo ponto e por meio do mesmo equipamento e, havendo mais de um interessado, proceder-se-á escolha por meio de seleção técnica, garantindo-se um tratamento isonômico a todos os interessados ao mesmo tempo que privilegia o equipamento de melhor qualidade para o atendimento público."

O que quer dizer "mais de um interessado"? Quer dizer que a prefeitura, através dos procedimentos descritos, criará para a comida de rua a figura do "ponto" comercial, que até agora inexistiu, e, como uma detentora de "pontos", os colocará no mercado. Não se trata, portanto, de considerar um pretendente apto ou inapto, mas de lhe franquear uma concessão. Essa uma novidade crucial do projeto.

"O projeto prevê, além da inspeção anual, pela Coordenação de Vigilância Sanitária – COVISA, a renovação, também anual, do próprio termo de permissão de uso". Isso quer dizer que continuará o vendedor de rua submetido, em última instância, à Vigilância Sanitária. E, anualmente, terá que provar o que já provou uma vez, mantendo o direito ao "ponto".

É difícil imaginar como tudo isso pode se constituir num atrativo para o vendedor informal, representando uma perspectiva de melhora de vida. Mais burocracia, uma instância nova com a qual é obrigado a manter contato anual. E, o que é mais grave, nem uma só palavra sobre o substancial – comida –, tratando apenas das condições de localização dos vendedores e seus veículos.

5 INGREDIENTES, RECEITAS E DICAS

MARGUERITA DE ABOBRINHA[1]

Há poucos meses ninguém poderia imaginar que a mão invisível do mercado iria surrupiar do seu prato a deliciosa bruschetta que você pensava comer naquele barzinho da moda; nem que a tradicional macarronada da *mamma* estivesse adiada *sine die*. Também, pudera, pagar R$ 10 por um reles quilo de tomate parece algo além do razoável. Nosso desejo não tem preço, mas o orçamento tem limites e prioridades.

O preço do tomate aumentou 122% nos últimos 12 meses, sendo metade desse índice só em 2013. A safra do ano passado foi muito boa. A oferta cresceu e os preços despencaram. Tomate a "preço de banana" fez muitos produtores mudarem de cultivo, resultando numa redução dramática da área plantada. Não valia a pena. Agora falta tomate, os preços disparam e a choradeira é geral. Esta a economia da livre concorrência, o "mercado liberal" do tomate.

E para garantir o mínimo, assegurar que as máquinas não parem, não há remédio senão se socorrer na economia de planejamento estatal centralizado: o tomate abunda na China, e é de lá que tem vindo o tomate para a indústria brasileira, concentrada especialmente em Goiás.

Ainda que o tomate de mesa desapareça, e isso pareça ser um incômodo insuportável, é preciso garantir o ketchup, e a China planta o tomate irrigado, na região desértica de Xinjiang, sendo o terceiro maior produtor mundial, só suplantada pelos EUA e a

---

1. Publicado no Aliás, do jornal *O Estado de S. Paulo*, em 14 de abril de 2013.

Itália inteira. São 500 mil toneladas anuais, processadas por 137 fábricas. Entre janeiro e fevereiro desse ano, as importações brasileiras de tomates subiram 232% em relação ao mesmo período do ano passado, atingindo US$ 14 milhões. As fábricas brasileiras de molhos de tomate, que já vêm importando o produto chinês há quatro anos, chegam a utilizar até 70% de polpa chinesa.

Na base do cataclismo, uma pergunta não pode silenciar: conseguiríamos viver sem tomates? Natural de um vale peruano entre o Pacífico e a Cordilheira dos Andes, ignorado pelos ancestrais dos incas, o tomate se dissemina no período pré-colombiano, chegando ao México, onde é cultivado pelos astecas e encontrado por Hernán Cortés em 1519, na região de Vera Cruz. As inúmeras variedades de tomate, apresentando formas, cores e sabores diversos, logo chegam à Europa e passam por um longo período de assimilação.

Os primeiros cultivos se estabelecem em Sevilha, se disseminando para Nápoles, Gênova e Nice, ainda no século XVI. É visto inicialmente com desconfiança, associado à bruxaria, considerado maléfico para a saúde; os puritanos consideram o consumo do pomodoro um pecado, atribuindo a ele a causa de uma doença nervosa específica. Assim, só em meados do século XVIII ele passa a ser considerado um produto verdadeiramente "comestível". Mas no início do século XX o tomate já havia conquistado toda a Europa, o norte da África (Magreb) e a China, tornando-se um dos principais componentes da alimentação humana. A sua própria diversidade de formas, cores e sabores é, hoje, objeto de cuidados e atenção, como no Conservatoire de la Tomate de la Bourdaisière, no Loire, França.

Porém a quase totalidade de nossa civilização alimentar depende de pouco mais de três dezenas de espécies vegetais, disseminadas pelo mundo. Embora cultuemos a diversidade como ideal moderno, nos entregamos a uma vivência pobre e especializada. Entre esses produtos, destacam-se o milho, o arroz, o trigo, a mandioca, a batata e o tomate. A quase totalidade do receituário ocidental inclui pelo menos um desses vegetais. Assim, a crise momentânea de produção do tomate nos mostra o quanto esse mundo comestível é frágil. A civilização de base industrial também insufla uma grande fantasia em nossas vidas: somos imunes e indiferentes aos ciclos naturais. Coisas que nossos avós conheceram como produtos "de temporada" – como mangas, maçãs ou tomates maduros – hoje parecem descolados das estações, graças às modernas técnicas genéticas, processos de manejo e estocagem a frio. E quando essas coisas falham, por falta de planejamento, o mundo parece vir abaixo.

A boa notícia para os paulistanos, brasileiros angustiados pela falta de tomate, é que os preços no Ceagesp já caíram 43% no mês de abril. As coisas logo voltarão ao normal, especialmente com o fim da estação das chuvas. A pizza de domingo, o macarrão da *mamma*, as bruschettas irão, aos poucos, reconquistando seus lugares tradicionais. Mas até que a tempestade passe por completo, talvez seja hora de, deixando de lado a marguerita, experimentar uma saborosa pizza de abobrinha, percebendo que o mundo não vem abaixo quando nos faltam os estimados tomates.

O LONGO PERCURSO DO AÇÚCAR

Outro dia escrevi que vivemos a pré-história das sobremesas. Mas não havia lido a pequena e interessante entrevista de Fabrice Lenud na *Prazeres da Mesa*, em que o pâtissier procura explicar porque conquistamos o último lugar na Copa do Mundo de Confeitaria.

"Ouso dizer que a confeitaria brasileira ainda não foi inventada. Ela não tem uma personalidade". Ele acha que falta o Alex Atala da confeitaria, apesar da riqueza de ingredientes, que vai do cupuaçu e bacuri até o simples leite. Mas um ambiente favorável não é fruto da natureza.

E como se cria um ambiente favorável? Em primeiro lugar, bebendo na tradição. Trazendo os pâtissiers estrangeiros para podermos beber na fonte. Por exemplo, Stéphane Klein, o gênio do açúcar; Jean-Paul Hévin, o do chocolate; aprendendo o básico, como ensina a escola Gaston Lenôtre. Enfim, é preciso dar um basta aos "doces de padaria" e à caricatura de tradição vienense em que se apoia; saber fazer à perfeição um sorvete de baunilha e começar a criar, sem invencionices bobas.

Claro que isso depende das estruturas de ensino (atenção, faculdades!), da celebração em torno do tema (atenção, *Mesa Tendências* e *Paladar*!); da determinação dos jovens, pois, como ensina Lenud, "um aprendizado básico leva dez anos, no mínimo". Os chefinhos aguentam um percurso assim, sem o glamour imediato e o reconhecimento que o capítulo dos salgados oferece?

Acho que falta também reconhecer uns poucos talentos dispersos, como a Andrea Ernst, de Porto Alegre – que pouca gente, além da Neka Menna Barreto, já ouviu falar, mas que, entre outras coisas, desenvolveu um excelente pó de erva-mate para confeitaria. E faz os melhores macarons do Brasil (desculpe, Fabrice).

Por fim, uma nova atitude do público, mais atento e exigente. Que tal recusar o lixo da pâtisserie desde já? Digo, os ingredientes como o leite condensado, a nutella, a margarina, o sorvete de creme industrial, o excesso de açúcar. Isso tudo e muito mais que constitui o túmulo da criatividade e da excelência em matéria de sobremesas.

ENTRE PORCOS E PÉROLAS

No Festival de Tiradentes, em 2011, comi pratos com porco durante três dias seguidos, duas vezes por dia, se descontar o presunto do café da manha. Fiquei sensível ao tema.

Por outro lado, é muito curioso ver como surgem as modas culinárias e como, pouco a pouco, vão se insinuando no normal da vida. Espreitar esse processo pode ser instrutivo e revelador. Há algum tempo começou-se a falar na imprensa especializada sobre a excelência gastronômica do porco cinta senese, italiano de Sie-

INGREDIENTES, RECEITAS E DICAS

na. Agora, ele já chegou por aqui para saciar o apetite gourmand, deixando de lado o plano meramente discursivo.

O restaurante Friccò o serviu durante um tempo. É um animal com denominação de origem, do qual se faz lombo, pancetta, bochecha, salames e presunto. Elogia-se nele a "qualidade da gordura e a textura da carne".

Esse porco andava à beira da extinção, como a maioria das nossas raças brasileiras domésticas. Sucumbia à ditadura das raças landrace e large white, desenvolvidas por dinamarqueses e ingleses, preferidas de 9 entre 10 frigoríficos do agronegócio mundial. Raças que geram mais carne do que gordura. Mas agora, com a "descriminalização" da gordura de porco, o cinta senese se recupera e vira coisa gourmet. Até mesmo a palavra "suíno", que envergonhadamente designava porco nos restaurantes e na imprensa, parece que vai recuando estrategicamente. Bacana que se possa experimentar o cinta senese no Friccò, que é um agente da culinária italiana.

Mas, e as nossas raças brasileiras? O que você sabe sobre elas? Onde pode comer esses porcos? Ou, antes disso, quais são essas raças? Vamos lá (tendo por fonte a Embrapa, em seu magnífico livro *Animais do descobrimento – raças domésticas da história do Brasil*):

1. Porco Canastra. Animais de tamanho médio, de origem ibérica, desenvolvidos a partir de uma raça portuguesa do Alentejo. Bom produtor de banha e toucinho, podendo atingir 150 quilos. É, porém, de baixa fertilidade.

2. Porco Caruncho. Porco pequeno, com peso médio entre 90 e 100 quilos, é um animal rústico, pouco exigente quanto à alimentação, de temperamento tranquilo e grande produtor de gordura. Era muito comum no interior de São Paulo, vivendo em chiqueiros no fundo dos sítios, alimentando-se de lavagem e soro de leite.

3. Porco Nilo ou Nilo-Canastra. Tamanho médio, peso entre 100 e 150 quilos, de origem ibérica. Grande propensão à gordura, produz muita banha e toucinho.

4. Porco Piau. Raça provavelmente desenvolvida no sul de Goiás, triângulo mineiro e oeste de São Paulo, com grande

concentração na bacia do Paranaíba. Foi das raças mais difundidas no Brasil, sendo que hoje existem apenas alguns poucos antigos criadores. Também excelente produtor de gordura.

5. Porco Pirapitinga. Muito antigo na Zona da Mata de Minas Gerais; suspeita-se que tenha se originado nas fazendas da bacia do Pirapitinga, disseminando-se também pelo Espírito Santo. Porco de tipo asiático, de tamanho médio, de ossatura fina e bom comprimento. Podem tanto ser criados em pastoreio como em pocilgas. Apresenta boa conversão alimentar.

6. Porco Monteiro. Originado no Pantanal, a partir de porcos soltos das fazendas paraguaias durante a Guerra do Paraguai. Cruzou-se com porcos selvagens da região, sendo ainda encontrado solto e constituindo elemento da alimentação dos vaqueiros pantaneiros que os caçam "a laço".

Pois bem. Eu pergunto uma coisa: por que raios vamos dar prioridade ao discurso marketeiramente articulado, que é sobretudo do interesse de empresários da agroindústria da região de Siena, em vez de nos ocuparmos da nossa própria porcaria? Um dos objetivos que a gastronomia deve perseguir é construir e manter a mais ampla diversidade possível. Os italianos estão fazendo a sua parte. E nós? É claro que é bem mais penoso "amassar barro", atrás de porquinhos fétidos, do que frequentar restaurantes com certo glamour, nos ditos "Jardins" & periferias, para degustar fatias de porcos italianos.

Não se trata de nacionalismo de pocilga, evidentemente. Só acho que esses nossos porcos, tão ou mais ameaçados de extinção do que o cinta senese, estão aqui, no quintal, pedindo para serem reconhecidos no valor de sua gordura.

Comi muito Caruncho e Piau em minha infância e adolescência. E há alguns anos comi o Monteiro, cruzado com javalis, em Campo Grande, que se encontra em churrascarias. Acredito que foi o melhor porco que jamais comi.

Nossos queridos jornalistas, gastrônomos, chefs, chefinhos e chefetes, deveriam pensar nisso antes de colocarem na boca o cinta senese e sentenciarem: "É o melhor porco do mundo". Pode ser. Há que comparar – o que não é feito.

Até essa comparação, as sentenças a favor do senese serão como sentenças de morte para as raças de porcos que os brasileiros levaram vários séculos para selecionar e fixar os caracteres. Não é inteligente jogar fora esse imenso trabalho de seleção genética, feita no terreiro de casa. Raças recuperáveis, como o cinta senese.

MEDITAÇÕES SOBRE A TREMPE DO FOGÃO DE ADRIÀ

Outro dia, no lançamento do livro da Giuliana Bastos sobre cafés, o Josimar me chamou atenção para um pequeno episódio, até jocoso, que está registrado no seu blog[2]. Trata-se de um vídeo que mostra Ferran Adrià explicando um prato em homenagem ao Brasil, chamado Pasión: um maracujá dentro da casca, feito na brasa, servido com as sementes e molho de tucupi.

Mas Adrià não se limitou a misturar os dois ingredientes: ele "inventou" o tucupi! Sim, pois chamou de "tucupi" uma aproximação ao sabor que criou, ao que parece, com caldo de galinha, gengibre, erva-cidreira e outros temperos que Josimar não entendeu bem quais eram. *Su pasión personal* é fazer a coisa que pareça sem ser; transformar um sabor mental em coisas que o expressem independentemente do original que imita.

Essa história não me saiu da cabeça porque mostra bem como a cozinha de artefatos gustativos funciona. Não se trata de uma criação ao velho estilo, misturando coisas inusitadas ou com técnicas novas. Esse aspecto pode estar presente – e está, pois não costumamos comer maracujá com tucupi –, mas se trata de, propositadamente, trilhar um caminho onde o simulacro é mais desejado do que a coisa em si.

---

2. Disponível em: http://josimarmelo.blog.uol.com.br/

Talvez este seja mesmo o princípio de toda a moderna indústria alimentar em que, por exemplo, as sínteses químicas fazem o papel de essências naturais (a vanilina no lugar da baunilha).

Acontece que aquele tucupi que Adrià conheceu pelas mãos de Paulo Martins, e que pôde experimentar *in loco* quando esteve em Belém com Alex Atala, simplesmente não é uma coisa *in natura*, mas a síntese de milênios de cultura e do trabalho atual de prepará-lo da melhor maneira possível.

Quero dizer que um ingrediente como o tucupi é um resumo de trabalho humano, das relações sociais subjacentes. É a isso que Adrià não atribui valor, embora seja exatamente o que é mais valorizado por certas correntes culinárias, ONGs preservacionistas e outras entidades preocupadas em reforçar formas de trabalho ameaçadas de desaparecimento. É exatamente nesse terreno que ele e Santi Santamaria se combatem.

Pessoalmente, não vejo qualquer graça nessa pesquisa de Adrià, pois me contentaria com a ideia original de associar maracujá e tucupi. Mas é claro que o artefato construído com base na ciência, na técnica e na imaginação é que faz a humanidade progredir em vários momentos e em várias direções.

No entanto, não há progresso onde essas inovações não podem responder a uma utilidade: qual o benefício humano? E qual a utilidade de se substituir um tucupi verdadeiro por um falso tucupi? Francamente, não alcanço. Talvez mostrar a criatividade que vira as costas à natureza e ao trabalho primitivo, isto é, a apoteose da técnica.

A homenagem desse prato tem o sentido de prescindir dos homenageados. Nele se substitui um trabalho (o de brasileiros que fazem tucupi) por outro (o de espanhóis que simulam tucupi).

O resultado disso é muito convencional: cria-se emprego na Europa, destrói-se no Brasil. Claro, tudo em escala muito pequena, nada que nos afete. Mas o modelo subjacente de relações internacionais de troca é odioso.

A ORDEM CULINÁRIA E O NOMINALISMO

Antes de serem entidades linguísticas, as coisas de comer são concretas, materiais. Mas o processo de nominação é bastante misterioso. E um dos fenômenos linguísticos mais intrigantes nesse domínio é o que acontece com vários derivados do milho. Curau, canjica e pamonha são palavras que designam, conforme a região, coisas diversas.

Milho pilado e cozido, ao qual se acrescenta amendoim, leite e açúcar – assim é a canjica paranaense. Em São Paulo, é só de milho branco, leite, açúcar. É o mesmo que mungunzá. Em Angola, porém, canjica é o ensopado de feijão com farelo de milho, temperado com azeite de dendê. Já a canjica mineira é sopa de quirera de milho com carne e verduras. É como se o milho fundamentasse uma Babel culinária. Não se trata de sinonímia – como no caso da canjica paulista e do mungunzá – pois há mudanças do substrato do que as palavras designam. Em comum, apenas o milho. Qual seria a razão histórico-linguística?

A culinária, desde Carême, é também a construção racional de classes de objetos. É um sistema onde cada coisa tem o seu lugar. A cuisine bourgeoise, conforme Escoffier nos descreve, está organizada em molhos, guarnições, sopas, hors-d'oeuvre, ovos, peixes, carnes de açougue, caças, assados, legumes e pastas, sobremesas, bebidas à mesa. Dentro de cada classe dessas, constituídas por princípios diversos (ingredientes ou processos), os produtos são descritos por seus principais aspectos, sintetizados nas receitas.

As receitas entraram em decadência com a nouvelle cuisine, segundo Bocuse, que passou a vê-las com mais liberdade, apenas como proporções. O valor de um livro de receitas de um chef, desde sua obra principal, tem o sentido de uma "memória de trabalho" – são coisas *à ma façon*. Ele também simplificou os capítulos que descrevem a cuisine bourgeoise: hors-d'oeuvre, patês, terrinas, empadões e pastelões; ovos; sopas; molhos; peixes; mariscos; carnes de açougue; aves; caças; legumes; sobremesas. Para Escoffier, as classes são construídas indistintamente, tendo por base ingredientes ou processos.

Com Hervé This, os capítulos da culinária sofreram mudanças profundas na medida que ele agrupou as receitas exclusivamente por processos de confecção. Ampliou enormemente, por exemplo, o capítulo das mousses – reunindo as mousses doces e salgadas, berarnaise, maionese etc. No caso dos molhos, reduziu 452 molhos a 23 "fórmulas" ou modos de fazer.

E por que estamos dizendo isso? Porque, no caso dos produtos brasileiros de milho, falta ainda a classificação racional que fixe os processos acima das denominações regionais, isto é, o tratamento sistemático para incluir todos eles numa lógica organizativa da culinária nacional. Assim, as palavras "cuscuz", "curau" e "canjica" constituem apaixonantes problemas etnográficos, históricos e linguísticos, mas necessitam ser classificadas numa matriz culinária única, para que seu conhecimento e uso não fiquem à deriva do nominalismo e da incomunicabilidade que implicam. No princípio, era o verbo. No fim, algum tipo de ordem racional.

A DIFERENÇA ENTRE NOMINALISMO E PRECISÃO

No princípio era o verbo. Ele pôs ordem no mundo. Assim é. Mas a Babel se insinua, aqui e ali, quando o assunto é culinária.

Um amigo, à procura da exatidão da sauce provençal, me relata a divergência com uma amiga sua: "Pra mim o termo provençal se traduz em tomate, alho, cebola e ervas. Pra minha amiga, vinho branco, ervas e manteiga. Numa pesquisa rápida no google en-

INGREDIENTES, RECEITAS E DICAS

contrei a minha versão, a da amiga e mais algumas, que incluíam desde azeitonas até amêndoas".

Provençal só pode ser o que reporta à Provence, e aí age nossa imaginação, sendo forte a pressão atual da ideologia da "dieta mediterrânea". Mas o termo começou a ser usado em Paris, no tempo da Revolução, e suas especialidades surgiram listadas no *Le cuisinier Durand*, que apareceu em 1830. As coisas à la provençale eram muito variadas, tendo em comum apenas a presença do tomate, alho e azeite de oliva.

Escoffier fala da sauce provençale no *Le guide culinaire*, mas a omite no *Ma cuisine*. Para ele, trata-se de refogar em azeite o tomate concassé, acrescer sal, pimenta, uma pitada de açúcar, um alho bem picado e uma colher de café de salsinha picada, deixando em fogo baixo por meia hora. Mas ele mesmo adverte que é uma das tantas receitas, limitando-se a dar a receita da "verdadeira provençale" à bourgeoise.

No *Larousse gastronomique* a receita inclui cebola, bouquet garni, vinho branco, caldo de carne, sendo reduzido à metade e finalizado com salsinha e manjericão.

Não se trata de confusão, portanto, mas de multiplicidade de produtos reunidos sob uma mesma denominação que reporta a uma origem geográfica. Seria um erro, talvez, incluir manteiga, como em algumas versões. A Provence está irremediavelmente associada ao azeite de oliva, não à manteiga.

Já o crème brûlée e a crema catalana são a mesma coisa? O finado restaurante Eñe divulgava insistentemente uma receita que é a seguinte: creme de leite, paus de canela, casca de limão verde, gemas e açúcar refinado. Para mim, esta receita é a do crème brûlée.

Várias fontes dão a crema catalana como: leite, ovos, gema, pau de canela, limão, açúcar e amido de milho. Pode-se encontrar essa receita tanto no moderno *Culinária Espanha: especialidades espanholas* (Könemann, 1998) quanto no simpático e fundamental *Cozinha tradicional catalã*, de Inês Mendonça Petit (Nova Fonteira, 1986).

Há quem distinga um e outro apenas pelos aromáticos (canela e limão), o que é pouco em tempos nos quais se varia o crème brûlée segundo uma infinidade de aromáticos. Seria útil, portanto, estabelecer com clareza que, no crème brûlée, os componentes estruturantes são o creme de leite e os ovos; na crema catalana, o leite e o amido. Em nenhum dos dois mandam os aromáticos.

Tudo isso pode parecer preciosismo nominalista, mas não é. A precisão na comunicação com o cliente é fundamental. Já presenciei a entrega à mesa de um "filé à parmegiana" sem queijo; diante da reclamação, o gerente disse: "Mas este é à moda da casa".

Que cada um faça o que quiser, mas tente ser preciso na comunicação. No princípio era o verbo, mas as línguas se confundiram, e a torre de Babel não seguiu adiante. Assim é na construção do edifício culinário.

QUANTO DE VOCÊ HÁ NUMA RECEITA?

O livro de Dona Ana Rita Suassuna, *Gastronomia sertaneja* (Melhoramentos, 2010), bem como o das índias do Alto Rio Negro, *Comidas tradicionais indígenas do Alto Rio Negro* de Luiza Gamelo, – editado pelo Centro de Pesquisa Leônidas e Maria Deane, da Fiocuz, pela Editora da Universidade Federal do Amazonas e pela ONG FOIRN – trazem receitas sem grande preocupação com quantidades de ingredientes. É um tipo de tratamento literário das receitas a que os leitores estão desacostumados. Muita gente acha que são impossíveis de serem feitas. E as novas balanças para cozinha, com precisão de gramas, bem mostram que esse temor é generalizado. O culto às quantidades exatas combate a ansiedade e o temor de que "não dê certo".

Mas, o que é o "certo"? Os grandes cozinheiros, quando fazem receitas de domínio público, acrescentam o mote *ma façon* – o que, não raro, quer dizer que as quantidades foram fixadas para essa

INGREDIENTES, RECEITAS E DICAS

execução particular. A adoção das quantidades precisas como parte da receita se deve à culinária seriada que Auguste Escoffier se viu obrigado a desenhar com o fito de produzir a mesma comida nos hotéis que manteve, ao longo da vida, sob a sua supervisão. As cozinhas de hotéis eram, em sua visão, como "fábricas": precisavam produzir tudo sempre igual e em qualquer parte do mundo. Além das quantidades, os trabalhadores tinham um treinamento em que os gestos culinários também eram uniformizados. Reduzia-se ao mínimo as idiossincrasias. Mas a cozinha moderna não tem esse compromisso, especialmente a doméstica.

O senhor Bocuse – um dos mais severos cozinheiros modernos – recomendava, lá pelos anos 1970, que as donas de casa não se preocupassem com as quantidades ou com a factibilidade das receitas de modo obsessivo. Na sua opinião, bons ingredientes sempre resultariam em algo bom, e as receitas deveriam ser consideradas como sugestão de proporções, e não coisas exatas, precisas e imutáveis. O célebre exemplo que ele dava era o da farinha de trigo: ao mudar de moinho é preciso adaptar as receitas à nova farinha.

Coisa que os nossos padeiros, reunidos no encontro Entre estantes & panelas, na Livraria Cultura, confirmaram largamente: existem farinhas "fortes", "fracas", com mais ou menos glúten etc. Então, estamos diante da situação paradoxal de, ao seguir quantidades fixas, não chegarmos a bom resultado. A "proporção", por sua vez, é fruto do olho educado. De tanto fazermos uma coisa, ou coisas semelhantes, fazemos "a olho", isto é, nosso "instinto cozinheiro" nos leva direto às proporções cabíveis. De fato, ao quantificarmos com exatidão uma proporção, queremos que os leitores repitam exatamente o que fizemos, fazendo abstração das diferenças das próprias matérias-primas.

Assim, as receitas precisas nada mais são do que memórias do trabalho de quem as executou e mediu. Não correspondem, em absoluto, a um modo "correto" e exclusivo de fazer algo. Por isso gosto desses livros que não quantificam as receitas. São obras abertas, com as quais se dialoga. E se você não pretende dialogar com as matérias-primas e processos de trabalho – praticar, enfim, a "arte culinária" – então para que se aproximar do fogão? Assim penso, entre um "erro" e outro... até "acertar".

INFANTILIZAÇÃO: LEITE CONDENSADO & JATOBÁ

Sobremesa é um negócio difícil de se fazer. Conto nos dedos, dentre os restaurantes de que gosto, aqueles que oferecem sobremesas realmente instigantes, criativas, tecnicamente perfeitas. E faltam dedos nas mãos para aqueles que, caminhando bem no cardápio, atolam nas sobremesas medíocres que oferecem. Diz a sabedoria culinária que sobremesa é uma especialização de profissionais hábeis em pâtisserie. Como os restaurantes pequenos e médios não comportam esse tipo de profissional em suas folhas de pagamento, as sobremesas ficam ao sabor do que o chef sabe sobre o assunto; e nem sempre sabem muito mais do que nós, clientes. Sorvete de baunilha de algum fornecedor industrial, pudim de leite condensado, brigadeiros "renovados" e enfeitadinhos, qualquer coisa com Nutella. Assim é fácil!

Mas os donos dessas feiras de facilidades sempre argumentam em defesa própria: o público gosta! E a nossa questão é: por que o público tão frequentemente gosta dessas banalidades e por que o chef deve trabalhar no mínimo denominador comum se, fora das sobremesas, se orgulha da própria criatividade? O máximo que alguns chefs conseguem esclarecer em defesa do uso amplo do leite condensado é que tem "sabor de infância"; assim como o Nescau tem "gosto de festa", suponho. Este parece ser exatamente o ponto: a regressão que certos sabores propiciam, infantilizando momentaneamente o consumidor por meio da rememoração.

Mas por que brigadeiro virou uma "moda"? Por que o público busca ser infantilizado no domínio dos sabores doces, a ponto de chefs e imprensa se curvarem com facilidade? Há até prêmios

INGREDIENTES, RECEITAS E DICAS

de revistas para o "melhor brigadeiro" da cidade, ano a ano (por que não a melhor pamonha, não é?).

É difícil ser exato nessa questão, mas eu gosto das reflexões do romeno Matty Chiva, que foi professor de psicologia da criança, especializado nas relações entre emoções e gosto. Para ele, as emoções são uma dimensão essencial de nossa relação com os alimentos, isto é, a sensação física em resposta a um estímulo que provoca o sentimento; e esse sentimento pode, evidentemente, ser uma presentificação da memória. O prazer ou desprazer tem origem numa sensação, uma mensagem sensorial, que é em seguida interpretada e ligada a uma emoção que se estrutura sobre três eixos: a percepção do gosto do alimento e as aptidões sensoriais do indivíduo; a dimensão do prazer/desprazer oferecida pelo próprio alimento; o aspecto imaterial, ou aquilo que pensamos sobre o alimento, suas virtudes ou perigos, relacionados com fatores de maturação biológica e fatores cognitivos. O leite – associado ao leite materno – garante o sentimento de segurança da nutrição infantil. A partir de então, ensina Matty Chiva, a transformação do "consumível" em "comestível" corresponde à construção cultural. E não há como negar que os adultos associam o doce ao prazer facilmente identificável, transmitindo essa associação às crianças.

Me emociona comer um jatobá – mais por esse torvelinho mental do tempo, da evocação forçosa de situações infantis, do que propriamente pelo gosto como consigo perceber hoje. Num experimento que fiz com alunos meus, ninguém conhecia o jatobá, e não conseguiu gostar dele ao primeiro contato. Só posso atribuir isso a diferenças sentimentais, não a diferenças sensitivas. Claro, cada um tem sua "viagem infantil", e posso admitir que o leite condensado esteja muito presente na infância da grande maioria de pessoas cuja experiência reporta a ele.

O leite condensado, primeiramente complemento de dieta infantil, vendido em farmácias, decaiu quando, de novo, valorizouse o aleitamento materno. Foi quando a Nestlé inventou receitas para ele. Talvez seja importante a regressão ao universo infantil que o brigadeiro ou leite condensado propicia. Afinal, a infantilização do cidadão é uma linha de força da sociedade atual, identificável em vários domínios, até mesmo em como o Estado busca se apresentar (o "Estado *babysitter*"). Não é demais supor que a própria alimentação, representada como uma zona cheia de perigos, tente resguardar o prazer escorrendo por esse túnel do tempo que nos coloca cara a cara com as memórias da infância. O leite condensando evoca o "cuidar" remoto.

Como não tive uma infância empapada em leite condensado, pude sentir o prazer regressivo ao comer, recentemente, um suspiro feito com jatobá, que Rodrigo Oliveira fez o favor de apresentar na reunião de Slow Food em seu restaurante.

DIÁLOGO SURDO COM O PÂTISSIER QUE HÁ EM VOCÊ

Imagine que você é um chef dentro de uma cozinha e tem, para fazer sua sobremesa, apenas leite, creme de leite, ovos, açúcar, farinha e leite condensado. O que você faria? O creme chantilly, talvez a ideia mais simples, vive o estigma de ser excessivamente "gordo". Claro, todo mundo gosta de se lambuzar nele. O que depõe contra o comensal, não contra o creme. Mas morangos com chantilly são uma tentação. Se o creme estiver azedo, vai bem com tortas secas, batido em ponto anterior ao chantilly. O creme chantilly é uma emulsão simples, assim como o creme levemente batido.

Hervé This nos ensinou que as emulsões começam pelo próprio leite como ele vem ao mundo. E que não há diferença entre emulsões doces e salgadas, razão pela qual o ensino delas está equivocado: ensina-se na cozinha e na pâtisserie a mesma coisa, sem que os ilustres professores culinários se deem conta da cacofonia pedagógica. Os cremes são emulsões que caíram em desuso na culinária moderna. Foram substituídos em geral pelas reduções e caramelos, ou assumiram a forma extremada de "espumas", em que pravalece o ar insuflado. Recuaram e só se

INGREDIENTES, RECEITAS E DICAS

apresentam confortavelmente brûlée: crème brûlée ou, na versão mais bom-mocista, crema catalana.

Mas, tomando apenas ovos e açúcar, você poderá preparar ovos nevados: as claras batidas, cozidas em leite adoçado que, depois, se engrossam com as gemas. Se sobraram gemas, você pode tentar uma baba de moça. Pode inovar, reduzindo drasticamente o açúcar. Fica uma delícia. Pode também, em dia de maior inspiração e vontade de trabalhar, fazer inúmeras tarteletes, forradas com crème pâtissière e frutas frescas. Mas não! Você está em dia de coisas rotineiras e simples. Não quer muito trabalho. Um pudim de leite, crème renversée ou que nome tenha já basta: 8 gemas, 4 ovos inteiros, um litro de leite e açúcar. Banho-maria.

Em dias especiais, você pode querer algo mais classudo, como o creme zabaglione. Ele tem como ciência a sustentação do vinho em cocção perfeita para que a emulsão não desmonte. Pode, depois, ser levemente gratinado. Por exemplo, num prato raso de frutas, como morangos cortados ao meio. Fica bonito e equilibrado. Os que comiam morango com chantilly abandonarão esse vício, desde que aprendam a bater um zabaglione. Fica muito bom também só o creme, sobre o qual se dispõem nozes picadas. Sobremesa tradicional, comum na vizinha Argentina. Calor? Bem, gemas de ovos batidas com açúcar, misturadas ao leite e engrossadas ao fogo. Levadas ao frio para fazer sorvete de creme. Se você não tem máquina de sorvete dá um pouco mais de trabalho, mas não é impossível. Você gosta dessas ideias, não é? Então, me responda: por que diabos todo dia, quando entra na cozinha, afasta-as da mente e só pensa em abrir a maldita lata de leite condensado?

O ACASO E A COZINHA

Pode o acaso gerar uma necessidade? A ideia de usar micro-ondas para cozinhar alimentos foi descoberta por acaso por Percy Spencer, que trabalhava na empresa Raytheon, fabricante de radares.

Há quem diga que ele foi descoberto por acaso durante a Guerra da Coreia (1950-1953), mas a paternidade atribuída a Spencer remete a 1946, embora o acaso continue presente na história. Ele estaria trabalhando num aparelho de radar quando notou que uma barra de chocolate no seu bolso havia derretido completamente. Chegou, então, à compreensão da propriedade física daquela forma de ondas emitidas pelo aparelho. Em 1947, a Raytheon patenteou o primeiro forno, que tinha quase dois metros de altura e pesava 340 quilos. Nos anos 1960, ele foi posto no comércio na forma que o conhecemos hoje. A radiação do micro-ondas se dá pela formação de um campo eletromagnético que produz a fricção das moléculas de água, fazendo-as liberar o calor que se transmite às demais moléculas do alimento. São ondas que penetram o alimento até cinco centímetros de profundidade, resultando em efeitos diferentes segundo a variação de tamanho e tempo de exposição.

Muita gente acha estranho que asse sem "dourar", mas o dourar depende da quantidade de gordura e, de novo, do tempo de exposição em relação ao tamanho da peça. Por exemplo, fatias de bacon douram perfeitamente, ficando crocantes. Ele também tem sido usado para fazer bolos e pudins, torrar grãos, preparar arroz, cozer carnes de vários tipos etc. Sei, por experiência própria, que ele destrói massas, amolecendo as que antes eram crocantes. E este é um uso muito comum em restaurantes, talvez contribuindo para o seu baixo conceito. E ouvimos referências sobre os usos domésticos mais comuns: estourar pipoca, aquecer leite e água, descongelar rapidamente alimentos, aquecer um prato feito... Um amigo gourmand me contou, em tom de segredo (afinal, não é coisa que se diga abertamente), que as trutas feitas no micro-ondas ficam ótimas: úmidas e melhores que em outros métodos de cocção, como pochê, assadas ou na frigideira. Experimentei e gostei, embora não seja fã de trutas em geral.

A impressão que me fica é de que esse equipamento, por não ter surgido graças a necessidades próprias da culinária – como a batedeira elétrica ou a Thermomix – tem dificuldades para se

INGREDIENTES, RECEITAS E DICAS

inserir nos processos de transformação mais corriqueiros. Por outro lado, é o primeiro "invento" culinário realmente original do século XX, equiparável ao que é hoje a Thermomix. Digamos que o micro-ondas é a "Thermomix dos anos 1950". Esse vir de fora para dentro da cozinha, esse "sem-lugar" que parece ser seu pecado original, produz a curiosa situação de emular coletâneas de receitas "para micro-ondas", quando o ideal seria que qualquer um pudesse escolher fazer o seu produto preferido também nessa ferramenta culinária. Mas se os fornos de micro-ondas são, domesticamente, usados para estourar pipocas, esquentar leite e descongelar comida, por que raios ele figura há tanto tempo como um item fundamental de uma cozinha doméstica, tendo se integrado perfeitamente ao conceito de "linha branca"? Quantas cozinhas você conhece que não o possuem?

Suspeito que haja no micro-ondas uma função simbólica mais importante do que a função prática. Ele demarca, por exemplo, o que não foi cozido simplesmente com "tecnologia", mas, sim, com amor e carinho, como as mães e a publicidade gostam de dizer. Mesmo quando a mãe põe o prato requentado no micro-ondas diante do proletário de colarinho branco que faz seu MBA após o trabalho – o seu filho –, ele teve apenas a função de reavivar o carinho materializado em algo que se fez fora dele. Como a antiga mamadeira do marmanjo de hoje. Seu uso pleno – e é possível imaginar uma cozinha só com ele e sem o fogão – sequestra da cozinheira doméstica vários gestos "necessários", fazendo-os parecer, por contraste, uma perda de tempo.

Ora, são justamente esses gestos que precipitam no prato a intenção, o "cozinhar para alguém". A impessoalidade do micro-ondas parece produzir, inversamente, uma comida "sem alma". Daí se entende sua presença imperiosa em quase todas as cozinhas domésticas: está lá para frisar, por contraste, a "humanidade" do cozinhar no velho fogão. O forno de micro-ondas, inativo, é um monumento a atestar o silenciamento da técnica que nos rouba o "calor" da cozinha doméstica. Ele é um contraponto importante. É uma vergonha alguém que só utilize micro-ondas. Por isso, esquentar água ou estourar pipocas não deixa de ser um mero oportunismo. O forno micro-ondas veio ao mundo, por acaso, para ajudar a revelar o nosso caráter na cozinha.

A MINERALIZAÇÃO DO LEITE

Foi lá pelo Neolítico que se começou a domesticar animais e a utilizar o leite na alimentação humana. Mas foi só quando o produto se urbanizou, no século XIX, que se começou a questionar sua sanidade e, em paralelo, explorar a questão elementar: afinal, o que é "o leite"? O leite desnatado é leite? O leite pasteurizado é leite?

À sombra dos métodos de fabricação, foi se diferenciando o leite rural do urbano e do suburbano. O leite do campo foi, aos poucos, substituído pelo leite produzido e fabricado segundo técnicas novas e diferentes vínculos econômicos e sociais entre produtores, criadores, distribuidores e industriais.

Esse é o tema de capítulo específico do excelente livro de Alessandro Stanziani, *Histoire de la qualité alimentaire XIXème-XXème siècles* (Seuil, 2005). As "mães trabalhadoras" se integram ao mercado de trabalho e o leite de vaca é o alimento que devotam às suas crianças. Parece-lhes um crime desnatar o leite. Sem o leite "puro", integral, não se criarão os sadios "filhos da nação"! E a França se mobiliza para discutir, por longo período, a questão do leite. Também a manteiga, "atacada" pela margarina recém-inventada, põe em pé de guerra os agricultores.

A cada avanço da industrialização, os agricultores tentam caracterizar os novos produtos como fraude ou falsificação. Essa é a história da relação agricultura/indústria no século XIX, em especial em torno dos usos do leite, como expõe Stanziani.

O leite da indústria triunfa no século XX em novas feições, graças a grandes empresas internacionais como a Nestlé; sua

INGREDIENTES, RECEITAS E DICAS

dimensão afetiva entra em decadência, embora a indústria insista no marketing "familiar" e na destinação infantil. No pós-guerra, o padrão de consumo industrial do leite se impõe pelo mundo todo.

No Brasil, o leite entregue de porta em porta se vê, aos poucos, suplantado pelo leite ofertado nas padarias. O que parece uma simples racionalização da logística é, também, expressão da adoção de novos padrões sanitários que necessitam de grandes plantas industriais para se estabelecerem.

A legislação do período getulista enquadra o leite nas definições industriais, subtraindo-o do "rural". O leite industrial é, em geral, "mineralizado". Carece de qualquer vestígio de vida microbiológica que o habita no meio rural. Como o "longa vida" (por que deve ser "longa"?), ou os leites em pó. E boa parte do que se vende é leite em pó reidratado. Sua qualidade básica parece ser prover cálcio para os ossos. Eis a síntese de uma história higienista.

O leite rural ficou isolado, cercado pela ameaça da brucelose e tuberculose bovinas que o governo não soube erradicar por completo.

Os custos da vacinação bovina recaem sobre os agricultores, o que mostra uma política caolha em relação aos produtos da agricultura familiar. Essa mesma agricultura que, por uma série de imposições legais, acaba por fornecer seu leite para os grandes laticínios e cooperativas. Fecha-se o círculo.

A pasteurização do leite afirma-se, então, como expediente "preventivo" contra essas doenças que podem estar presentes no leite cru, captado no campo pelas grandes indústrias. Se a inspeção sanitária em cada produtor não funciona, que se pasteurize o leite! E surge, na indústria, a oportunidade de lançar novos "velhos" produtos, como o leite dito "integral" e o "semidesnatado". E surge o "leite" de soja para os que não suportam leite.

Estudos franceses mostram que as alergias se propagam também porque se pasteuriza o leite. Mas quem se importa com isso na indústria? E novas técnicas vão se impondo: a "termização", a microfiltração e o resfriamento do leite na propriedade. Esta última já condenada por estudos feitos por cientistas brasileiros.

Com isso tudo, perdemos os queijos artesanais de leite cru, como os mineiros, paraibanos, pernambucanos, gaúchos e, claro, o mascarpone, pois perdemos também a "nata" crua do leite. Empobrecemos a dieta humana para que progrida a mineralização do leite.

DIFERENÇA ENTRE PÃES E BOLOS

Quais as fronteiras entre o "pão" e o "bolo"? Os espanhóis gostam de associar as duas coisas como se fossem um só assunto culinário: pan y bollería, dizem. Bem diferente é o ponto de vista inglês, onde bread não se confunde com cake. Já para os franceses, os gâteaux formam um amplo capítulo de "bolos" e o pain um outro, mas apartado. Essas categorias, quaisquer que sejam seus limites, são necessárias para classificarmos os produtos da farinha e água com seus complementos. Mas o que é pão? "Alimento feito com uma massa de farinha e água com fermento biológico" – define claramente o *Larousse gastronomique*. Portanto, o essencial é a fermentação biológica. O que é bolo? Farinha, água, ovos, mel e outros componentes, eventualmente fermento químico (baking powder), mostram vários exemplos, sem que haja uma definição clara no mesmo *Larousse gastronomique*. Mais do que a presença do fermento químico é a ausência do fermento biológico que define os "bolos". Assim, babá ou savarin, brioche são pães. Muffin é "cake".

Há gâteaux excelentes que não necessitam de fermento algum para crescer, como os deliciosos financières. A fermentação biológica pode aparecer espontaneamente, a partir de agentes presentes na própria atmosfera; já o fermento químico surge e se torna popular por volta de meados do século XIX, difundindo-se a partir da Alemanha.

PHYSALIS: UM CURIOSO FENÔMENO DE "IDENTIDADE"

Comi physalis pela primeira vez, faz um bom tempo, no restaurante de nouvelle cuisine italiana de Gualtiero Marchesi, em Milão. Vinha, ao final da refeição, banhada em chocolate e envolta em fumegante gelo seco. Na mesma viagem, encontrei, nas margens do Sena, pacotinhos de semente da fruta, apresentada como "cereja do Havaí".

Plantada no sítio, em Bragança Paulista, depois de uns quatro meses lá estava a fruta, apoiada por espaldeiras, e o espanto do caseiro: "Ah, mas isso é joá-de-capote! Tá cheio por aí!" Me senti um perfeito pateta. E aos poucos fui me lembrando de que, quando menino, caminhava pelos campos com amigos mais "caipiras" do que eu que comiam os joás que encontravam – coisa repulsiva, pensava, imaginando que todos os joás fossem iguais ao joá-bravo, semelhante a um jiló, que aprendi a nem chegar perto, por ser espinhento e venenoso; maldito fruto.

Precisei ir à Europa para chegar ao interior da minha infância. Saber ver, eis o primeiro ensinamento. E saber nomear, eis o segundo ensinamento. E sem saber nomear, quase nunca se vê. Camapu ou joá-de-capote são nomes brasileiríssimos dessa fruta tão presente, da Amazônia ao Sul. Agora mesmo acabo de conhecer um livro do Ministério do Meio Ambiente (*Espécies nativas da flora brasileira de valor econômico atual ou potencial. Plantas para o futuro – região Sul*, MMA, 2011) em que aparece a *Physalis pubescens*, indicada como fruta comum da América do Norte até a Argentina.

Me pergunto, então, por que o comércio insiste em apresentá-la como algo "internacional", levando várias pessoas a acreditarem que se trata de fruto colombiano, como a pytahaya peruana? Um grande produtor de flores e frutas, a Colômbia, "nacionaliza" as espécies exóticas que cultiva e explora isso mundialmente.

A história mostra que a "nacionalidade" de um ingrediente depende mais da sua ampla aceitação popular do que de outra coisa.

Vulgarmente, achamos que a manga e a jaca são brasileiríssimas, como a carambola. Physalis, enquanto for mero elemento decorativo da culinária com pretensões gastronômicas, valorizado inclusive por ser "importado", nunca será camapu ou joá-de-capote.

RECEITA DE COMO FAZER SORVETE ARTESANAL ITALIANO

Se estiver em seus planos fazer sorvetes artesanais italianos, desses que, de tão apreciados, provocam fila na porta das sorveterias, siga a receita:

Passo 1: faça a base branca. Adquira nas lojas do ramo o pré-mix conhecido como "base branca", à qual basta acrescentar água, leite ou creme de leite, em proporções que personalizem o seu produto.

Passo 2: acrescente o sabor de preferência da sua clientela, à venda nas mesmas casas do ramo. São sabores variados: tiramisù, frutas vermelhas, o famoso pistacchio di Bronte, banana, melone, entre outros.

Passo 3: faça um bom marketing, fixando-se especialmente na palavra *artigianale* que aparece na embalagem do mix de base, a "base branca". Claro, você precisará ter uma boa máquina. Mas isso é um detalhe.

Desse modo você terá sucesso garantido, filas se formarão à porta e o elogio da sua destreza "artesanal" ganhará fama e reconhecimento na imprensa.

VISITAÇÃO AO CAIPIRISMO

A cozinha caipira está destroçada. Pouca gente tem consciência de que, um dia, o conjunto de pratos assim designado foi o esteio de vida de uma população que se estendia pelo Vale do Paraíba, Vale do Rio Doce e sul do que hoje é Minas Gerais.

INGREDIENTES, RECEITAS E DICAS

Uma cozinha de gente pobre, bastante isolada inicialmente dos principais fluxos de civilização, caminhos e passagens mais do que fronteira de fixação do empreendimento colonial. E, por isso, entregue mais do que as populações da costa ao que se dispunha como comida indígena. A ampla adoção do milho é o testemunho disso. Com o tempo, somaram-se os dotes alimentares europeus: o porco, a galinha, os legumes da horta, e foi tomando corpo isso que hoje, nostalgicamente, parece ser a comida confortável da domesticidade rural, evocada aqui e ali como um bem precioso que perdemos.

E perdemos porque, sem querer, várias camadas de progresso material foram cobrindo o território, ano após ano, dando forma àquela porção do país que viria a ser a mais próspera economicamente. Imigração, produção industrial, tecnologia – tudo foi criando um ambiente onde as novas formas de comer se instalaram em substituição aos suprimentos locais.

Os velhos pousios se tornaram cidades prósperas; os velhos sítios, unidades paupérrimas de agricultura familiar. Aqui e ali ainda restam hábitos que não se incorporaram à nação, como o consumo de formigas torradas e em farofas. O caipira se tornou o exotismo de nós mesmos. Se para progredir tínhamos que fazer o elogio da inovação, o que nos ligava ao passado precisava mesmo ser abandonado. O caipira, como desenhado pelo taubateano Monteiro Lobato, tornou-se a antítese ideológica do Brasil moderno. E, ele, sabemos, lutou inutilmente pela dignificação moderna dessa história. Mas mesmo sua obra anda esquecida...

Agora é com nostalgia que se olha para o Vale do Paraíba, Vale do Rio Doce e sul de Minas à busca do que não há mais. Da culinária, o pouco são registros feitos aqui e ali, sem grande sistemática – salvo, no Vale do Paraíba, o trabalho exemplar de Ocílio Ferraz, seja pelo restaurante que mantém em Silveiras, seja pela coletânea de receitas caipiras que publicou. O mais é o sul de Minas, onde, garimpando, ainda se acham muitos vestígios do passado.

Nem essa evocação parcial poderá viver por muito tempo se não houver uma mudança de atitude dos cozinheiros, induzindo uma mudança igual no público. Digo dos cozinheiros porque são eles que estão mais perto, ideologicamente, das culturas "locais", depois que a gastronomia das pirotecnias se estabilizou no cenário mundial.

Pesquisa de velhos ingredientes, velhos modos de fazer, sabores relativamente pouco frequentes e processos de trabalho eclipsados podem constituir um caminho rico e promissor. A farinha de milho, que está morrendo, poderá ocupar um papel de destaque nessa revisitação da tradição caipira. Assim como legumes, frutas e preparações com porco e galinha. O C5 – Centro de Cultura Culinária Câmara Cascudo, num dos seus papéis que é animar a vida cultural culinária, chama atenção para essa realidade que se esvai quando não se presta atenção ao seu valor.

ACHEGAS À CULINÁRIA NEGRA DA BAHIA

Nina Horta levanta a questão histórica da comida negra na Bahia, comercializada nas ruas. Ela me atribui escarafunchar assuntos que, depois, "leva um ano pesquisando só para se divertir". O que me deixa feliz, pois se *Formação da culinária brasileira* (Três Estrelas, 2014) pode ter alguma utilidade é ajudar a sacudir a árvore das certezas, espalhando dúvida pelo solo da pesquisa histórica.

A sociologia da culinária brasileira, começando por Gilberto Freyre, talvez tenha dado muita ênfase ao negro escravo, na lavoura ou nas cozinhas domésticas, sem dar a devida atenção para a comida de rua. Focar essa atividade, porém, é deixar um pouco de lado aquela ideia tão cara de que a influência negra na cozinha brasileira se fez pela adoção de ingredientes nativos ou africanos segundo técnicas de preparo europeias, o que teria se processado especialmente na casa grande – cadinho da mestiçagem. Essa ideia de miscigenação é que, parece, está em causa quando se observa a cozinha de rua, especialmente de Salvador do século XVIII, sendo necessário atentar para suas outras formas.

INGREDIENTES, RECEITAS E DICAS

A carta de Luís dos Santos Vilhena sobre a comida de rua é um documento de alto valor, exatamente por ser "raro". Ainda que o relato de Vilhena esteja eivado de preconceitos, sua carta levanta temas interessantes para o pesquisador. Por exemplo, que os negros vendiam pratos prontos "feitos de farinha de mandioca, arroz, milho", como lembra Nina Horta na sua crônica.

Vilhena foi bem analisado pelo antropólogo-historiador Jeferson Bacelar, num texto intitulado "A comida dos baianos no sabor amargo de Vilhena", que em algum momento deve vir a público. Bacelar mostra como, em meados do século XVIII, a Bahia já sofria uma inflexão importante, pois os cativos nascidos no Brasil já eram maioria num processo de crioulização marcado pela maior adoção de costumes locais e, consequentemente, um progressivo afastamento dos padrões culturais das várias etnias africanas transplantadas. Afastavam-se especialmente dos padrões tribais praticados pelos iorubanos, os gbe-falantes, os haussás e outros povos da região da chamada Costa da Mina (Gana, Togo, Benin e Nigéria).

Se pensarmos que a comida de rua de Salvador de começo do século XIX expressa esse processo, podemos nos perguntar: o que esses "crioulizados" comiam? Além das frutas, o consumo de amidos nos dá uma boa ideia da diversidade de soluções de vida, e Vilhena, analisando o celeiro público, informa que a farinha de mandioca vinha em primeiro lugar, seguida pelo milho (em quantidade 10 vezes menor) e pelo arroz (metade da produção do milho), representando o feijão 70% do arroz estocado.

Entre as várias "introduções" do arroz no Brasil, certamente uma se deve aos negros islamizados da Bahia. Na *Arte culinária na Bahia* (Progresso, 1957), de Manoel Querino, essa presença do arroz na cozinha dos negros é notória. Penso que uma grande "contribuição" dos negros à culinária brasileira é justamente esse trânsito por vários amidos. Enquanto os brancos tinham certa aversão ao milho, comida de animais e bugres, preferindo o trigo ou seu substituto (a farinha carimã), os negros o adotavam.

E adotavam desde a África os ingredientes indígenas. O pequeno reino de Uidá (então em Daomé, hoje Benin) já apresentava, na metade do século XIX, uma importante agricultura baseada em produtos americanos, como o milho e a mandioca[3].

Essas digressões servem apenas para mostrar o amplo terreno de pesquisa histórica, se quisermos compreender melhor como se deu, na prática, a "crioulização" da influência negra na nossa culinária. Talvez eles tenham sido mais "integradores" de coisas que se opunham ao funcionarem como marcadores sociais de grupos antagônicos (proprietários, escravos, índios), do que como "aportadores" de plantas africanas, por exemplo. Em outras palavras, o quiabo não apaga a complexidade desse processo que se deu aqui e na África e que precisamos compreender.

A FILOSOFIA "PATO COM LARANJA"

De uns tempos para cá, tenho visto como o açúcar invadiu os antigos "pratos salgados". Não há um restaurante que não tenha um, dois ou mais pratos onde algum toque de "doce" foi introduzido: molhos à base de reduções de frutas, mel, caramelo, redução de vinho do porto, redução de balsâmico, garapa, melaço etc.

Em 2009, jantei duas vezes com Massimo Montanari. A impressão rápida que lhe ficou das refeições de uma semana que passou no Brasil: não se come pão e tudo é muito doce. Até as massas são apresentadas com molhos doces (referia-se ao açúcar no molho de tomate).

Acho muito bom que a fronteira entre o principal e as sobremesas tenha sido derrubada, e sal e açúcar possam passear por toda a refeição. Mas é preciso muito mais sabedoria para propor cardápios sem essa fronteira. Afinal, a fronteira se devia à possibilidade

---

3. Ver Karl Polanyi, *Dahomey and the slave trade: an analysis of an archaic economy.* Seattle: University of Washington Press, 1966.

INGREDIENTES, RECEITAS E DICAS

de organizar certa intelecção da refeição, marcar um ritmo e uma sequência. Não é bom cair num caminho regressivo.

Não podemos simplesmente voltar aos séculos XVI e XVII europeus. O tratado de culinária de Messisbugo, da Itália do século XVI, trazia 69% das receitas com mel, açúcar e outros ingredientes doces. Nos cardápios principescos do século XVII, 45% dos pratos de carnes e peixes incluíam o açúcar. Os excessos barrocos impulsionaram a "nova cozinha", que segregou o açúcar numa culminação da refeição, seja na forma de preparados doces ou na naturalidade das frutas. Valorizou o doce ao confiná-lo.

Mesmo uma receita tão antiga e tradicional como o pato com laranja revela uma ciência no uso do açúcar que, atualmente, se perdeu. O molho do pato com laranja é tríplice: o molho da carne, a redução da laranja e o caramelo com vinagre (agrume). A redução da laranja e o caramelo ácido são como cores numa paleta que ajudam a matizar o molho da carne. Temos o agridoce e o amargo ajudando o suco da carne a se expressar melhor. A gororoba doce que predominou é uma degeneração da boa composição (e cheguei a ver até cereja ao maraschino como decoração. *Horrorshow!*).

Mas a filosofia "pato com laranja" se expandiu pelas carnes nos nossos restaurantes de feição moderna. Não raro temos carne de porco lambida por algum caramelo, coulis de manga, maracujá, xarope de jabuticaba, contornando carnes, peixes e aves. Sem falar das cebolas caramelizadas, das berries, das pêras e maçãs, bem como das ameixas secas ou mesmo da mandioquinha em purê. Quando chegamos à sobremesa, já não sabemos o que estamos fazendo ali. E eis que vem um chocolate com flor de sal e, de novo, voltamos ao começo.

Não é raro se procurar amenizar tudo isso pela associação com a pimenta ou o gengibre, criando uma marcação ou andadura nova. Mas o picante, sabemos, não é um sabor e, sim, uma sensação táctil bucal. Ele não atenua o doce, apenas faz que se expresse em outra chave; como as claves de sol, fá ou dó condicionam as notas musicais.

Em suma: muitos chefs acham que a queda da barreira tornou a criatividade mais fácil. Engano. Tornou muito mais difícil, simplesmente porque, do ponto de vista combinatório, quanto maior o repertório culinário, mais difícil encontrar a própria expressão ou a harmonia buscada. O doce se tornou um ruído. É preciso fazê-lo música.

NA CIDADE TODOS OS MOLHOS SÃO PARDOS

Deixando de lado, por um momento, o culto ao glamour, o caderno Comida, do jornal *Folha de S.Paulo*, mergulhou no desvendamento da extinção de um prato emblemático da cozinha luso-brasileira: a galinha ao molho pardo.

E o leitor verá, com espanto, que justamente na época em que se tornou moda o culto ao vampirismo o problema é um só: o sangue. Mas "sangue é coisa para restar sempre em entranhas escondidas, a espécie para nunca se ver", dizia Riobaldo. E a vigilância sanitária paulistana expulsou os abatedouros da cidade.

Hoje é proibido matar frango dentro da cidade, a não ser em frigoríficos. A morte foi substituída pelo frio. E os frangos mortos-vivos que são comercializados já foram devidamente vampirizados pelos frigoríficos – quiçá o sangue transformado em ração para a próxima geração de frangos, assim como as vísceras e as penas se transformam em ração para salmões.

E vejo que amigas darão aula proximamente sobre a galinha. Espero que restaurem a inteireza desse animal, não contemporizando nem com a granja nem com essas normas falsamente sanitárias que nos afastam do molho pardo. A galinha ou é "caipira" ou é um espectro do que foi a galinha.

Na matéria assinada pela editora Luiza Fecarotta, o que se vê de interessante também é o contraste entre o conformismo de classe média com as normas ditas sanitárias e a "desobediência civil" a que são levados, por necessidade, os restaurantes mais populares.

INGREDIENTES, RECEITAS E DICAS

De fato, a proibição, em vez de propiciar um abate assistido, produz em equipamentos sanitizados o efeito contrário: o abate e coleta do sangue em situação de clandestinidade está muito mais sujeito à contaminação por salmonela – parecendo que o propósito da vigilância sanitária é esse mesmo, o que provaria por absurdo sua tese "preventiva".

A classe média é preventiva. Em vez de controlar riscos, prefere não corrê-los de forma alguma, mesmo que a custo de suprimir o prazer ali aninhado.

Em síntese: quando um prato vira "patrimônio cultural" já foi pro brejo. Passa a ser mero objeto do mantra tradicionalista daqueles que, se de fato o tivessem em alta conta, apareceriam em público bradando contra a ditadura do "sanitário" sobre nossas vidas.

Os verdadeiros gourmets e gourmands querem de volta a verdadeira galinha. Com sangue e tudo.

6 DANDO NOME AOS BOIS

O HOMEM É O BOI

O frigorífico Friboi é o boi. Com duas aquisições que anunciou, uma nos EUA, tornou-se o maior comerciante mundial de carnes (incluindo frango e porcos, além do boi).

Um certo nacionalismo empresarial acha isso o máximo. De fato, partir de um pequeno matadouro em 1969 para chegar, 40 anos depois, à liderança mundial, é um feito e tanto. Mas os concorrentes também temem o monopólio. Está certo.

Mas como se chegou a isso? Além da globalização, da financeirização dos ativos econômicos, é preciso ver que essa trajetória foi perseguida por todos os frigoríficos, inclusive os que ficaram para trás.

Lá longe, quando o senhor Delfim Netto era ministro da agricultura, houve por bem proibir os matadouros municipais. O abate bovino e suíno praticamente foi monopolizado pela Sadia e Perdigão.

Os pequenos foram sendo incorporados, ou viraram fornecedores dos grandes. O abate clandestino também cresceu. No Rio Grande do Sul estima-se que cerca de 40% da carne suína consumida em várias formas provém de abate clandestino. Essa é a consequência da desativação dos matadouros municipais: menos controle e mais riscos sanitários para todos. Além da formação dos monopólios.

Hoje, os velhos "matadouros" viraram "frigoríficos". O verbo matar desapareceu, embora haja tanto rastilho de morte na atividade pecuária. Mas agora só se "refrigera". Os matadouros viraram uma espécie de necrotério do CSI bovino. Os assassinos não se sabe onde estão, embora a análise dos cadáveres nos dê indicações sobre eles.

O senhor Joesley, executivo da Friboi, é o homem da carne. Mas tornou-se, ao lado dos homens da soja, um dos maiores consumidores de Amazônia bruta. Mato, madeira, queimada, pasto, boi, soja – eis o roteiro da destruição. Depois de tudo dominado, boi vira soja e soja vira boi. Ambos, na panela, viram bife. São as metamorfoses modernas da Amazônia. Enquanto houver fronteira agrícola no país será bem difícil estancar esse processo que converge para nossas bocas.

E devemos perguntar: qual o seu programa para a Amazônia, senhor Joesley? Não pense que, por conta de uns bifinhos, vamos engolir qualquer coisa, pois fica um travo na garganta.

CONFIE NO SEU TACO: VOCÊ É O MELHOR JUIZ DO GOSTO

Sempre que damos um giro pela França mais claro fica: o caminho da gastronomia confunde-se com a afirmação do império do singular diante de um mercado que, *a priori*, absorve tudo e qualquer coisa. E lendo o livro de Gilles Pudlowski (*Para que serve um crítico gastronômico?*, Tapioca, 2013), fica bastante claro o que orienta boa parte da crítica gastronômica: "classificar, como um tipo de missão santa a serviço do gosto". Ele confere valor ao que aponta, recomenda, aprecia. Dadas as infinitas possibilidades, desentranhadas do normal da vida, seu ofício parece inesgotável e eterno.

E qual o valor do próprio crítico? As opiniões de Pudlowski são respaldadas pelo prestígio, entre os leitores, dos veículos nos quais escreve: *Le Point, Saveurs, LeCoq gourmand, Dernières Nouvelles d'Alsace (DNA)*.

O Brasil é um país onde a crítica é incompreendida, isto é, ainda não conseguiu se legitimar como espaço de elaboração cultural que, em geral, vai contra a corrente, contra o estabelecido. Tanto é que se julga o que um crítico escreve segundo duas categorias estranhas à própria noção de crítica: "crítica construtiva" e "crítica destrutiva". Como alguém pode construir algo num terreno ocupado sem antes "destruir"?

No Brasil, a crítica busca avidamente o "compromisso": nem tanto o céu, nem tanto a terra. A crítica anódina, que para celebrar o gosto geral renuncia ao rompimento de fronteiras. É bom exemplo disso o guia "O melhor de São Paulo", da revista *sãopaulo*, da Folha.

Num "guia dos melhores" chama atenção como é composto o "júri". Um skatista, um tatuador, repórteres, nutrólogas (*sic*), midiartista, ginecologista, apresentador de TV e, claro, críticos de gastronomia, editores especializados no tema. Desde logo fica claro que se busca o "consenso" capaz de representar um juízo "médio". E, embora não tão claro, que ao se elevar o comum dos comedores à condição de crítico, ombreando-o com críticos profissionais, estes é que são destituídos de um saber técnico específico e tomados como "qualquer um". É o compromisso entre a especialização e o senso comum como a quintessência da crítica.

As próprias categorias do guia revelam o alinhamento com o mercado. Melhor hambúrguer, melhor rede de fast food, melhor sanduíche, melhor esfiha, melhor "pizza em pedaço", sorvete, café, doce.

Como distinguir entre pizza inteira e "pizza em pedaço"? Bem, existe uma casa que se chama O pedaço da pizza. Praticamente única e, obviamente, "a melhor"... Acaso andaram testando pedaços de pizza nas infinitas padarias e lanchonetes da cidade?

Mas o consenso de redação não é exatamente o "júri popular". O Datafolha, voz da verdade (*vox populi*), consagra, obviamente, o bem estabelecido: o McDonald's contribui para a gastronomia popular com o melhor hambúrguer, a melhor batata frita, o melhor milk shake. Em seguida, vem o "júri" divergindo: melhor hambúrguer é do Ritz; melhor batata frita, da Lanchonete da

Cidade, assim como o melhor milk shake. "Hambúrguer gourmet" é a categoria que se estabelece para separar a comida popular daquela queridinha do júri; como se hambúrguer não fosse hambúrguer só porque é "gourmet". Há, portanto, lanchonetes e lanchonetes. O leitor não se deixe enganar.

Me soa especialmente estranho que os melhores doces, como os brigadeiros da Brigadeiro Doceria & Café, possam receber um comentário (justo) de Priscila Pastre-Rossi: "É tudo vistoso – mas doce o suficiente para enjoar logo". Então o excesso de açúcar não desclassifica um doce? E quando o assunto é sorvete? Você atribuiria o sucesso do Bacio di Latte ao leite (qual marca? De onde?) ou ao pré-mix italiano, que faz do sorvete um produto industrial?

Assim caminha a humanidade: comendo mal ali onde falta espírito crítico, abundando "consenso". Comendo melhor quando adota o próprio juízo como guia.

ANVISA "CLASSE A"

Todos recordamos as tristes histórias de corrupção na Anvisa, como autorizar o uso de venenos perigosos mediante propina. Todos sabemos que um organismo assim desmoralizado precisa passar não só por uma faxina, mas por uma completa reestruturação.

Mas não é o que acontece, e ela segue célere aprofundando sua presença nefasta na sociedade, enquanto não a disciplinam. Agora, imitando normas higienistas norte-americanas, pretende "classificar" os restaurantes pelo grau de higiene, mesmo após lhes terem sido concedidas as licenças de funcionamento.

Nova York faz isso há quase três anos, classificando bares, restaurantes, boates, cafés e barracas fixas. Aqui, onde nem barracas podemos ter, lá vem os americanófilos com as letras A, B ou C que deverão ser afixadas ou divulgadas pela internet como indicador de qualidade higiênica.

Convenhamos. A coisa é absurda sob todos os pontos de vista. Você jamais será contaminado por estafilococos ou estreptococos tipo "A", "B" ou "C". Do ponto de vista das contaminações por agentes desse tipo, ou há risco ou não há risco. Este é o sentido da vigilância sanitária. O risco deve ter tolerância zero. E se o estabelecimento tem licença de funcionamento, supõe-se que o risco de contaminação é zero!

A norma nova-iorquina parece apontar para um padrão hospitalar de higiene, impondo-o como ideal. Do ponto de vista econômico, implica uma desvalorização de quem não está no topo.

Não estou dizendo que, aqui, os caras da Anvisa vão vender classificação "A". Não. Quem sou eu para generalizar a qualidade moral dos fiscais? Estou dizendo que é uma contradição que se introduz no sistema de licenciamento: afinal, por que se licencia estabelecimentos que não são "A"?

7 EM PRATOS LIMPOS

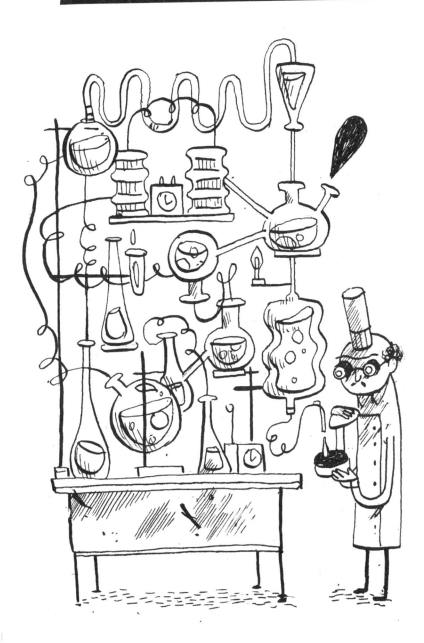

O HAMBÚRGUER DAS CAVALGADURAS[1]

A alimentação humana é sempre assunto contraditório, pois os homens não possuem valores uniformes em relação ao que comem. Dessa perspectiva, o "escândalo" sobre o consumo involuntário de carne de cavalo pelos europeus possui ao menos dois aspectos dignos de nota. O primeiro diz respeito à credibilidade dos produtos da indústria. Por que deveríamos acreditar cegamente nela se, está provado, nos engana? O segundo remete ao arranhão que provocou no padrão cultural de carne que o Ocidente consome. Boi é para comer; cavalo, para esportes.

A primeira grande suspeição em relação à carne industrial surgiu por ocasião da chamada "crise da vaca louca", em 1986, na Inglaterra. Apesar de a doença ter sido detectada entre carneiros, nos Estados Unidos, em 1947, ela só foi verificada em humanos, na Nova Guiné, em 1955, valendo um Prêmio Nobel de medicina para Daniel Gajdusek, em 1976, por descobrir a causa da encefalopatia no consumo de cérebro e vísceras, conforme ritos funerários canibais. Ora, como não nos consideramos canibais, o problema parecia circunscrito e distante. Apesar do conhecimento do que produzia a encefalopatia, a grande indústria da carne não renunciou a cérebros e vísceras na ração bovina, obrigando-os a um canibalismo contrário à sua natureza herbívora. Só com a epidemia no rebanho britânico é que, em 1988, o governo proibiu a utilização de farinha animal na ração.

---

1. Texto originalmente publicado no suplemento Aliás do jornal *O Estado de S. Paulo*, em 16 de fevereiro de 2013.

Mas o estrago já estava feito. A repercussão planetária de um "problema veterinário" parecia colocar o consumidor à mercê de um risco insuportável. E até hoje, inclusive entre nós, floresce uma próspera indústria de rações que formula sem transparência a alimentação de bois, aves ou peixes – ministrando restos orgânicos de um gênero ao outro, o que, hipoteticamente, poderia produzir uma contaminação cruzada. Em certo sentido, como disse o antropólogo Lévi-Strauss, somos, sim, todos canibais; ao menos se considerarmos que, nos tempos bíblicos, os homens e animais eram irmanados e só depois do episódio da Arca de Noé é que começamos a comer os nossos semelhantes. E se comemos uns aos outros, é claro que um só destino se desenha no horizonte. Afinal, como diz o mantra dos gourmets, "somos o que comemos".

A importância da "vaca louca" foi a transcendência que a crise adquiriu. A partir daquela epidemia houve enorme retração do consumo de carne e surgiram ONGs a exigir dos governos perfeita transparência nas transformações ocorridas na cadeia que liga o campo à gôndola dos supermercados. O vegetarianismo cresceu como ideologia alimentar e se multiplicaram as certificações de produções "bio", "naturais" ou "orgânicos". A rastreabilidade da produção tornou-se um novo dogma do comércio.

Agora, a descoberta da carne de cavalo em produtos da indústria mostra a quebra de confiança nos próprios padrões atuais de rastreabilidade, construídos a duras penas. Os governos que, em última instância, são seus garantidores, foram postos em xeque e será necessário jogar às feras alguns expoentes da indústria, como o todo poderoso Food Group ABP, cujos tentáculos na Irlanda iniciaram essa nova crise. Além disso, imporão aos produtos o teste de DNA, essa verdade moderna vulgarizada por séries de TV, como CSI, para desvendar crimes.

As razões para esses desvios da norma desejada são sempre as margens de lucro que propiciam num mercado duramente concorrencial. Inócuas etiquetas quantitativas nutricionais nos revelam muito pouco do que atualmente interessa ao consumidor: a qualidade do produto. E o que temos de fato dentro de uma mortadela, uma salsicha ou hambúrguer? Tínhamos a confiança cega de que a indústria zelava por nós. Entende-se, portanto, porque a sociedade reage utilizando o termo "falsificação", como se descobrisse uma traição imperdoável, urdida nas altas rodas das finanças e gabinetes governamentais.

O próprio juízo sobre a indústria não escapa às vicissitudes históricas. Quando, em 1869, o químico francês Mège-Mouriès aplicou o princípio da saponificação para produzir manteiga diretamente da gordura dos bovinos – a prosaica margarina –, o agrofrancês se levantou em pé de guerra taxando a descoberta de "falsificação". A manteiga "falsa" levou anos para encontrar seu lugar no mercado, num percurso cheio de compromissos que incluiu a produção da beurrine – um composto misto de manteiga e margarina. Hoje, se sabe, a lei francesa das fraudes e falsificações, de 1851, veio à luz justamente para barrar o avanço da indústria sobre a produção rural tradicional. E essa "beurrine" moderna, que é o mix de carne bovina e equina, não parece estar muito distante desse quadro de competição entre produtores, sempre tentados a adotar soluções mais baratas, moendo cavalos imprestáveis.

No entanto, numa dimensão mais profunda, não estamos dispostos a conceder que qualquer carne seja admissível em nossa dieta. Apesar de se ver carne de cavalo à venda em açougues franceses e italianos, não são todos os consumidores que consideram esse produto "comestível". Assim, o "direito de escolha" também foi violado de maneira grave.

Nos repugna a ideia de que certos povos possam comer cães – esses *pets* tão maravilhosos que o Ocidente vem num longo processo de "humanização" (que começa com a designação "he" ou "she" para seres que, antes, eram "it") culminar na "Declaração Universal dos Direitos dos Animais" (Unesco, 1978), que praticamente os considera membros da família humana. A velha noção de "canibalismo" perturba nosso espírito sempre que descobrimos algum animal de espécie próxima (doméstica) ou distante (selvagem) sendo comida. Mesmo para os animais de abate exige-se tratamento "humanitário"; não é à toa que os antigos "matadouros" foram rebatizados como "frigoríficos", substituindo a consciência do sangue e do sacrifício pela imagem da rigidez cadavérica.

Por outro lado, num estudo desbravador, o historiador norte-americano Warren Belasco mostra como, no Ocidente, comer carne bovina se tornou sinônimo de "civilizado". Apesar da diferença de dietas dos povos, mesmo a FAO, em seus diagnósticos sobre a fome no mundo, apontava déficits graves de nutrição nas civilizações milenares da China e da Índia pelo baixo consumo de carne bovina. Mas sem esse mito ocidental do século XIX não compreenderíamos a expansão do *far west* norte-americano nem a ocupação dos pampas argentinos. E foi a invenção dos navios frigoríficos que permitiu, a partir de 1880, a *frozen meat* cruzar o oceano em direção às mesas europeias.

Ora, todo e qualquer traço alimentar serve para identificar os povos e estabelecer suas fronteiras culturais. A identidade repousa na cor da pele, na língua, nos hábitos alimentares. Somos "comedores de bois", não de cavalos, nem de formigas ou porquinhos-da-índia. Além disso, os cavalos trazem à memória outros fatos históricos. Durante muito tempo foram signos de distinção da aristocracia; em tempos difíceis, como guerras não tão distantes, aqueles que admiravam essa nobreza do cavalo foram obrigados a comê-los para não morrer de fome. A carga cultural do cavalo reforça a primazia da carne de boi à mesa. Nós, brasileiros, comemos boi sob a forma de "bife a cavalo", numa alegoria culinária que nos lembra que esse animal é para ser montado, nem que seja por um reles ovo frito.

A chamada "angústia alimentar moderna" – a certeza de que não sabemos o que comemos – aviva-se agora no cotidiano europeu por conta da "fraude" na composição de hambúrgueres, kebabs e lasanhas. Por enquanto, nada que não seja relativamente comestível, nada que esteja contaminado, mas a abertura da "caixa-preta" certamente trará novas revelações. Enquanto isso, a Europa se escandaliza com a clara ruptura de um padrão alimentar, histórico e consagrado, por uma sórdida estratégia de capitalistas gananciosos.

Que defesa pode haver contra isso? Seguramente um impulso grande em direção à comida tradicional de "terroir", ao "locavorismo" e outras propostas que aproximam o consumidor do universo dos produtores. Uma bela utopia que esteve à espera da confirmação de que a indústria, infelizmente, não merece a confiança cega que nela depositamos há séculos quando nos prometia um futuro radioso. Uma ruralidade mais próxima – ainda que meramente alimentar – poderá avançar nos interstícios de um mundo que se quer pós-moderno.

SOBRE CAVALOS E CAPITALISTAS INESCRUPULOSOS

Conforme procuramos analisar anteriormente, a crise europeia dos cavalos moídos para hambúrguer está longe de terminar, visto que a "caixa-preta" apenas foi aberta. O que há no seu interior vamos sabendo aos poucos.

I

Em primeiro lugar, há muito mais empresas envolvidas do que à primeira vista. Parece se tratar de uma prática comum, e não de uma ação isolada de produtores inescrupulosos. Anteontem foi o dia de aparecerem a Nestlé (proprietária da Findus), o frigorífico JBS e outros. Segundo o ministro da agricultura da Irlanda, "o produto da Findus que continha 100% de carne de cavalo é uma mostra da complexidade do problema. Esses produtos eram feitos por uma empresa sueca que, na verdade, comprava produtos processados de uma empresa francesa em Luxemburgo, que comprava produtos por meio de um operador cipriota, que comprava na Holanda; e a Holanda, na verdade, comprava carne de cavalo

e-BOCA LIVRE

da Romênia"[2]. Estes, então, são os verdadeiros elos do que se convenciona chamar "cadeia alimentar", ligando as terras do conde Drácula à bolsa de mercadorias de Londres.

Na verdade, uma simples cadeia de *commodities* movida não por princípios alimentícios, sanitários ou éticos, mas pelo chamado "custo de oportunidade". Veio à luz, por exemplo, que o dono de um abatedouro foi contratado para retirar cavalos com lesões mortais de uma competição britânica, a Grand National. Cavalos inservíveis moídos. Mas cavalos aos quais, como se comprovou, fora ministrada fenilbutazona, nociva à saúde humana. Abutres, a única palavra que me ocorre.

Em segundo lugar, aparece o motivo do envolvimento do JBS no assunto rumoroso. Como a carne brasileira vem sofrendo restrições – graças ao caso comprovado de "vaca louca" (encefalopatia espongiforme) em nosso rebanho, em 2010 – o frigorífico entendeu que devia fazer uma operação triangular, comprando carne europeia como medida para evitar que eventuais mudanças legais ou barreiras ao comércio internacional prejudicassem o fornecimento aos seus clientes. Mais uma razão meramente econômica, de defesa de posição no mercado, leva o gigante brasileiro a comprar gato por lebre, cavalo por boi.

Em terceiro lugar, acusado de "complacência catastrófica", o governo britânico reage prometendo "a maior investigação já feita" sobre atividades criminosas na Europa, para descobrir como a carne de cavalo entrou no hambúrguer, na lasanha etc. etc. Certamente um caso mais de autoanálise do que de "investigação".

A JBS prometeu corrigir-se, e a Nestlé também. Esta última afirmou: "Queremos nos desculpar com os consumidores e assegurá-los que as ações que estão sendo tomadas para lidar com esse problema vão resultar em padrões mais elevados e melhor rastreabilidade". Os grandes *players* buscam tirar o cavalo da chuva, reconhecendo que sua "rastreabilidade" foi, até agora, pífia.

---

2. Trecho de matéria publicada pelo *Valor Econômico* em 15 de fevereiro de 2013.

EM PRATOS LIMPOS

O leitor que tenha acompanhado pela imprensa brasileira o desenrolar da crise, facilmente perceberá que os parágrafos acima possuem nada de original; são meras colagens de informações já estampadas na imprensa. No entanto, servem para algumas novas conjecturas.

II

Primeiro: por que o consumidor, abalado na sua confiança pela indústria e os governos, acreditaria que eles irão se emendar daqui em diante, como crianças pegas com a mão no pote de balas? Certamente o único caminho será (re)acreditar na rastreabilidade, e isso depende de ser feita por novos atores, por organismos independentes, controlados e vigiados por representantes dos consumidores, distantes dos governos e das grandes corporações.

Em segundo lugar será preciso acoplar mecanismos de vigilância sanitária às próprias operações financeiras com *commodities* alimentares. Não é possível admitir que qualquer coisa de comer passe da Romênia para Chipre, para a Holanda, por Luxemburgo, para chegar à França sem ter sofrido algum tipo de inspeção que certifique seu valor como alimento sadio.

O que move essa cadeia de alimentação financeira é uma razão que jamais chegará de modo transparente às gôndolas dos supermercados. Afinal de contas, a dança dos cavalos só mostra que a lógica dos negócios em bancos e bolsas de valores – como a participação de ações do agronegócio em fundos de investimentos – se tornou autônoma de um modo que os consumidores reconhecem como perigosa.

III

Está visto que a financeirização da comida aporta riscos e incertezas à mesa, nos fazendo mal ao espírito e ao corpo. No entanto, a ofensiva dos grandes conglomerados agroalimentares não cessa e escolhe um dos piores momentos de sua história para avançar via legislação: em 14 de fevereiro de 2013, a Comissão

Europeia anunciou que os peixes de cativeiro poderiam, novamente, ser alimentados com farinhas de porcos e aves, a partir de 1º de junho do mesmo ano.

Por conta da epidemia da "vaca louca", a França havia abolido esses componentes da ração animal em 1996, sendo que a União Europeia consagrou o mesmo procedimento em 2001. A França se opôs à medida, contra a qual já votara em meados de 2012. A então ministra da Ecologia, Delphine Batho, propôs a criação de um rótulo que estampasse os dizeres "sem farinha animal". Para ela, "não é da lógica da cadeia alimentar que se dê de comer carne aos peixes. É a mesma lógica financeira absurda que se constata para a carne de cavalo". Ela quer salvar a "cadeia pesqueira".

Mais virulenta, a Confederação dos açougueiros declarou: "É uma loucura a mais. Bruxelas cede às pressões da indústria agroalimentar. Essa mesma indústria que não hesita para fraudar e aumentar seus lucros enquanto solapa a confiança dos consumidores".

E basta dar uma busca na net para se descobrirem as empresas brasileiras que fabricam farinha de restos orgânicos – inclusive penas de frangos – para alimentação de peixes. O Chile é o nosso grande importador desse insumo para produção de salmões de cativeiro que, depois, comeremos em sushis em nossos restaurantes mais estimados.

IV

Diante desse quadro internacional, o Brasil não é uma ilha de sanidade animal cercada por interesses financeiros insanos por todos os lados.

Leio estudos científicos que dizem; "as salsichas comercializadas na região metropolitana do Recife apresentam índices comprometedores de nitrato, principalmente as das indústrias que abastecem as feiras livres, fato agravado pelos altos níveis de nitrito também presente"; vejo a legislação que autoriza certos níveis de inclusão de vísceras e cérebros animais na mortadela, e tantas outras coisas condenadas pelas boas práticas alimentares, e me pergunto: onde está a Anvisa?

Por que a Anvisa insiste em nos fazer de idiotas, vendo chifre na cabeça de cavalo, criminalizando a produção artesanal – como do queijo de leite cru –, enquanto os grandes conglomerados alimentares deitam e rolam, alheios às pesquisas sobre o que faz mal?

Precisamos meditar sobre essa manobra sórdida que consiste em ver riscos na produção artesanal, quando o mundo todo vê que eles estão abrigados, como ovos de serpente, na grande indústria.

A REFEIÇÃO INFANTIL

Para as crianças, chupar jabuticaba no pé é coisa que ficou para trás. Então, deixando de lado o proustianismo caipira, como é que uma criança chegará a gostar de jabuticaba? Talvez se lhe dermos uma baciada da fruta enquanto assiste à TV.

Cerca de 70% dos brasileiros têm o hábito de comer enquanto assistem à TV. Além disso, sabe-se que as refeições formais – almoço, jantar – se esfacelaram no normal da vida. É uma coisa cada vez mais rara na sociedade urbano-industrial que pais e filhos se reúnam em torno do comer.

É lógico que a socialização alimentar fica cada vez mais por conta da televisão e da escola. Pela TV entram os porkarito's. E pela escola? O lanche, a merenda, que as próprias crianças acham que é algo que "atrapalha" o recreio, o brincar.

O tipo social do comedor solitário vai se consolidando pouco a pouco, mais por desinvestimento daquilo que antes regulava a interação alimentar que qualquer outra coisa.

A escola pode ser um terreno importante de socialização alimentar? Teoricamente, sim. Não é por acaso que surgem instituições com esse objetivo, como a Fundación Alicia, ou a Fondation Science et Culture Alimentaire, da Academia de Ciências da França, dirigida por Hervé This.

O obtuso poder público brasileiro ainda não se deu conta de que precisa ocupar um espaço expressivo nesse terreno para melhorar a vida alimentar das crianças. Para o nosso Estado, comida ou é nutrição, ou folclore, ou frescura. E há também as mentiras que, descaradamente, difunde, como a ideia de que apoia o turismo gastronômico como forma de desenvolvimento local: não há sequer uma citação sobre gastronomia ou alimentação no já velho Plano Nacional de Turismo.

A indiferença alimentar é a pior atitude em relação às crianças. Ou acreditamos que elas serão pessoas melhores ao se concentrarem no português e na matemática, fazendo do lanche um momento de indesejada desconcentração, que interrompe qualquer forma de aprendizado útil?

MENOS TEATRO E MAIS CIÊNCIA

Em 2009, a polícia fechou o restaurante Champion, na Liberdade. Encontrou um siri vivo no banheiro, o que rendeu foto num jornal. E encontrou peixes e camarões num balde.

Nos anos 1980, houve uma grande campanha contra a "falta de higiene" nas pastelarias chinesas. Encontravam-se baratas, que apareciam estampadas em fotos. O resultado foi que os chineses acabaram abandonando o ramo, ocupado pelos japoneses com apoio dos seus eficientes vereadores, que controlavam as licenças de barracas de feira dadas pela prefeitura. O pastel de feira mudou de mãos.

Pessoalmente acho que um siri vivo é muito bom sinal. Mesmo que tenha escapado do balde e se metido no banheiro, sabe-se lá por instinto ou necessidade. Os chineses também mantêm peixes vivos nos restaurantes. Enguias, carpas. Apreciam o movimento.

Dos animais, preferem as partes que se movem: rabos, pés, orelhas, focinhos, línguas.

Os insetos não são "sujos" para os chineses, nem para nossos índios. Mesmo que sejam baratas. Nem o horripilante inseto de Kafka era uma barata, como provou o tradutor Modesto Carone. Mas que alguém antes tenha traduzido errado, interpretando "horripilante" como "barata", diz mais da nossa cultura, que se quer asséptica, que do inseto.

Os ideais de higiene e saúde variam de povo para povo. Na França, é um crime lavar o frango antes de levá-lo à panela. O mito da água purificadora está mais ligado ao batismo do que à higiene.

Precisamos meditar sobre saúde e higiene. Não me impressiono com os funcionários de restaurante com toucas, luvas e máscaras. São ridículos, e o ridículo avança por padarias e lanchonetes também. Sabemos que tal parafernália não espanta os micro-organismos.

Seria bom se substituíssemos gestos teatrais por análises químicas e microbiológicas. Saberíamos se, de fato, os salmões e frangos, entupidos de antibióticos, serão nocivos a curto, médio ou longo prazo; se os hormônios ministrados a uma vasta gama de animais afeta nossa saúde de forma irrecorrível; se os nitratos e nitritos que o Serviço de Inspeção Federal (SIF) exige nas carnes em conserva são ou não cancerígenos – e assim por diante.

A DIFICULDADE DAS SOBREMESAS

As sobremesas formam o capítulo mais difícil de uma refeição completa. A dietética moderna cercou-as da noção de "abuso" ou excesso. Depois da sobremesa, a culpa e a malhação. Pecado e penitência.

Tomando-o como um *peccadillo*, os chefs muitas vezes caem na tentação de recobri-lo de apelo infantil, como se um pecado venial não fosse propriamente um pecado. E aí vem toda uma família de doces: chocolate (Nutella mais especificamente), doce de leite, brigadeiro, sorvete de creme, crepe. A evocação da infância é o exercício da inocência como autoengano à mesa.

Para os clientes que gostam de pecar *hard*, os pervertidos do gosto, temos os clássicos: mousses, crème brûlée, tiramisù etc. Por fim, há a opção das "frutas da estação", um final sem pecado em anticlímax: melão, abacaxi, papaia ou manga, qualquer que seja a estação. Isso porque atentar às estações, oferecendo a pujança das suas frutas, especialmente brasileiras, seria deixar de punir aqueles que se furtam ao pecado propriamente dito que é oferecido nas formas infantis e clássicas. Afinal, a refeição gastronômica é vista como um exercício gozoso, e não apenas nutricional. A fruta é entendida como um "desvio" da sobremesa. Você se sente desprezado, um cliente de segunda classe. Ou já lhe ofereceram um maracujá doce, um caqui, um caju suculento e maduro, uma atemoia, figos doces ou jabuticabas?

Eu me contentaria com um taleggio com mel ou uma pêra com pecorino. Adoraria que os chefs se dessem conta de que estamos na estação dos pêssegos e pensassem em homenagear Escoffier, reproduzindo o Pêche Melba e esquecendo momentaneamente do pêssego em calda.

Emaranhados em equívocos, vivemos a pré-história da arte das sobremesas. Falta, no *staff* dos restaurantes, aquela pessoa especializada – o pastry chef – que só pense naquilo: nas formas modernas do pecado. Falta quem pegue nossas frutas, nossos meles e nossas massas pelos chifres, domine-os e os apresente à mesa como formas de raro prazer diante do qual o *peccadillo* valha a pena no cálculo da economia calórica.

POR UMA EDUCAÇÃO PARA O AÇÚCAR

Minha implicância com o açúcar não é pequena. E nem é de hoje. Me explico: apesar de, em excesso, ele fazer tão mal à saúde, chefs, cozinheiros amadores e donas de casa são bastante indiferentes a isso, considerando-o um mero ingrediente como outro qualquer.

Ele é uma coisa que tem seu lugar, é óbvio, mas anda, na nossa cultura, fora de lugar. Não só os brasileiros, mas uma parcela expressiva da população ocidental precisa de uma nova educação para o açúcar. Resquícios da cultura da produção colonial ainda fazem que nos comportemos diante do açúcar como se fosse não uma "especiaria", mas um ingrediente a ser usado fartamente. Além disso, ele se associou a outros produtos coloniais na culinária ocidental: o café, o chá e o chocolate – coisas que nas suas origens não dependiam dele.

Não é preciso dizer quanto o seu excesso é nocivo à saúde (assim como o sal), e nem lembrar as epidemias modernas associadas ao descontrole no uso desses produtos.

Ingleses e norte-americanos comiam, por volta de 1900, cerca de 40 quilos de açúcar *per capita* anual. O açúcar era elemento importante da dieta energética dos proletários e, assim, resvalou da condição de "tempero" dos alimentos para aquela de ingrediente. Combustível das máquinas humanas, energia que movia as fábricas. É a época da invenção das balas (candies), puro açúcar! As tecnologias poupadoras de mão de obra deveriam também poupar açúcar. Mas, não. Ficou o elogio do açúcar por toda parte, como se fosse o suprassumo do alimento.

E o gosto popular encalhou nele. O café adoçado em Minas Gerais, a média com pão e margarina no boteco da esquina. Meio copo de açúcar. Como se tivéssemos um "gosto" atávico, separado da história da escravidão, da máquina mercante que produzia o açúcar, a droga que era a "riqueza do Brasil".

Entre nós, o consumo foi crescendo nos últimos 60 anos. Na década de 1930, o consumo médio anual era de 15 quilos por brasileiro. Nos anos 1940, esse número aumentou para 22; na década de 1950, passou para 30; e 32 nos anos 1960. Em 1970, a média já era de 40 quilos e, em 1990, esse índice se estabilizou em 50 quilos por habitante. Andamos para trás em relação à tendência mundial.

e-BOCA LIVRE

O Brasil é o maior produtor de açúcar (21% da produção mundial). O segundo e o terceiro maiores produtores são Índia e China, com participação aproximada de 15% e 10%, respectivamente.

Mas nos tornamos, também, um dos maiores consumidores mundiais do produto *per capita*. Cada brasileiro consome entre 51 e 55 quilos de açúcar por ano, ao passo que a média mundial por habitante corresponde a 21 quilos. Enquanto nos Estados Unidos e na Comunidade Europeia o consumo é de 30 kg, os chineses não passam de 6 kg por habitante/ano. Isso quer dizer que se pode ser grande na produção, mas não se precisa ser campeão no consumo.

Imaginando a família média brasileira, podemos representar seu consumo por três sacas de açúcar anual. Daquelas sacas que os estivadores mal conseguem sustentar. Imagine-as na sua dispensa no primeiro dia do ano. Achará impossível comê-las até 31 de dezembro! Mas comerá! Boa parte disfarçada nos alimentos industriais, boa parte consumida fora de casa.

Em termos realistas, não mais imaginados, o brasileiro consume em casa, em média, 17,9 quilos por ano, e mais 2,6 quilos de doces e produtos de confeitaria comprados prontos. Só para se comparar, come 6 quilos de carne e 9,5 quilos de feijão no mesmo período.

A doçaria refinada que se fazia na Europa, com açúcar do Brasil, sabia utilizá-lo com moderação. Mas não imitamos a Europa nisso: "acaboclamos" as receitas metendo-lhes mais açúcar! E veio a indústria de alimentos no pós-guerra, que aproveitou esse vício brasileiro, percebeu o quanto o açúcar era barato como ingrediente e... dá-lhe mais açúcar! O "pão de açúcar" está na paisagem, nos engenhos, nos supermercados.

E nos acostumamos a raciocinar açucaradamente. Tome uma receita de bolo na internet. Não raro teremos duas xícaras de açúcar para duas de fubá. E as pessoas foram levadas a acreditar que se diminuírem o açúcar a receita "não dá certo"! Fincamos o pé em Nutella, leite condensado, cocadas açucaradas, como se o mundo do açúcar em excesso fosse onde residisse o prazer, exclusivamente. Círculo vicioso, prisão ideológica.

Tirante alguns produtos culinários (caramelo, suspiro), o açúcar não tem função na receita senão a de conferir doçura. Por isso, seu uso pode ser revisto amplamente. Nos bolos, nos cremes, nos sorvetes, no chocolate, em algumas geleias, e assim por diante.

A educação para o açúcar significa trabalhar o açúcar gastronomicamente, como fonte de prazer e não como "alimento energético", afastando, assim, os riscos do excesso. Ela precisa da adesão de todos para se difundir e produzir efeitos: os que cozinham em casa, os chefs, a imprensa, as escolas. Mais que uma simples repressão dos hábitos arraigados é um movimento de revisão da própria culinária, uma forma de ela evoluir em sintonia com os requisitos da vida moderna, evidenciando que seu uso moderado traz mais prazer e valoriza a vida. Esse movimento, aliás, está em sintonia com o que dizia Escoffier sobre o sentido da transformação gastronômica: ele visa, essencialmente, adaptar a velha culinária às exigências da vida moderna, para que a culinária continue a ser fonte de prazer.

PROSPERIDADE É SE LAMBUZAR DE LEITE CONDENSADO

Muita gente defende a ideia que o leite condensado é um alimento "popular" e "tradicional" no Brasil. Várias receitas parecem impossíveis sem ele. Muitos desaprenderam como trabalhar com leite e açúcar quando eles não vêm misturados industrialmente. Alguns se recusam até a reconhecer que se chega a um pudim de leite melhor partindo do simples leite, ovos e açúcar – parece canônico que essa sobremesa "tem que ser" de leite condensado. O mesmo para o brigadeiro. O que décadas de marketing da Nestlé fizeram conosco ou com a nossa convicção de que somos capazes de fazer coisa melhor! Leite condensado é leite, açúcar e um pouco de amido. Mas, afinal, quem consome isso domesticamente?

Vejamos o leite, o açúcar e, depois, o leite condensado, analisando os dados do IBGE sobre a Pesquisa de Orçamento Familiar (POF) de 2008-2009. A família brasileira consome, em média, 45 quilos anuais de leite e creme de leite em várias formas. Os pobres (até um salário mínimo de renda familiar mensal) comem 25,6 quilos; os ricos (mais de 7,5 salários mínimos de renda familiar mensal) comem 64 quilos. Os pobres comem 15 quilos de leite de vaca fresco e 8,5 pasteurizados; os ricos, 8,9 de leite fresco e 50 de leite pasteurizado. Os pobres estão concentrados no campo, mais perto das vacas – o que explica a inversão da tendência, mesmo considerando que a renda mais que dobra o consumo total de leite. E o açúcar? Em média, a família brasileira come 20,4 quilos por ano. Os pobres consomem 20,5 quilos e os ricos, 16,3 quilos. É mais do que pobres e ricos comem de feijão seco por ano (respectivamente, 15 e 11 quilos). Mais açúcar que feijão entra na casa de todos nós.

E o leite condensado? O pessoal que ganha até um salário mínimo consome anualmente 117 gramas. Pesando uma lata 395 gramas, isso significa que compram menos de uma lata por ano! Mas a quantidade vai crescendo, acompanhando a renda, e os "ricos" consomem 1,279 quilo. É estranho que esse ingrediente seja considerado uma das bases da culinária "popular". De onde as pessoas que defendem o "canônico" leite condensado tiraram esse argumento sem base nos fatos? Os analistas da economia alimentar apontam que, num país tão pobre, a melhoria de *status* se expressa, por exemplo, no incremento do consumo de iogurte (cresce seis vezes no intervalo entre pobres e ricos). Mas o consumo de leite condensado cresce 10 vezes no mesmo intervalo de renda, o que sugere que é um indicador melhor (mais sensível) da prosperidade: quem "sobe", na verdade "desce" nos critérios do gosto...

AS GORDURAS DE RICOS E POBRES

As gorduras dos ricos não são muito diferentes das gorduras dos pobres, é o que se constata ao continuarmos raciocinando sobre os números da Pesquisa de Orçamento Familiar do IBGE de 2008-2009.

Por puro preconceito, sempre achei que a culinária do povão fosse a mais gordurosa. Acho que essa impressão ficou porque uma baiana que trabalhou em casa fritava os bifes em *deep fry*. Espantou-se com a grelha e dizia que, em sua casa, consumia-se cinco litros de óleo por mês. E também me impressionam sempre o pastel de feira e o acarajé pela copiosa gordura em que são mergulhados.

Já confessei: puro preconceito meu. Pois os brasileiros consomem, em média, 10,2 quilos de óleos e gorduras, ao passo que os que ganham até um salário-mínimo consomem 8,3 quilos e os de estrato de renda superior (mais de 7,5 salários-mínimos) consomem 10,9 quilos. Mas, especificando as principais gorduras, aparecem algumas diferenças interessantes.

A manteiga, por exemplo, tem um consumo médio brasileiro de 324 gramas anuais; os que ganham menos de um salário mínimo comem 191 gramas, os que ganham mais de 7,5 salários consomem 661 gramas por ano. Com a margarina se dá o seguinte: o consumo médio brasileiro é de 1,6 quilo; os que ganham menos consomem 958 gramas, e os que estão acima da faixa dos 7,5 salários consomem 2 quilos. É interessante a preferência geral por uma gordura de baixa qualidade como a margarina. Em todos os níveis de renda ela suplanta o consumo de manteiga. Por que quem poderia consumir mais manteiga prefere margarina? Será por conta da ideologia light da qual seu marketing conseguiu se apropriar?

Contudo temos o caso da banha de porco – o antilight. A média de consumo brasileiro é 350 gramas anuais. Ricos e pobres quase se encontram na quantidade: 252 gramas os mais pobres, 218 gramas os mais ricos. Mas é nas classes intermediárias de renda que o consumo de banha de porco cresce. Com 2,5 salários-mínimos de renda, o consumo de banha de porco é de 580 gramas, decrescendo à medida que a renda sobe ou baixa.

Na categoria dos óleos vegetais, temos o caso do óleo de soja, quando o consumo dos estratos superiores e inferiores de renda são muito próximos: 6,5 quilos e 6,6 quilos respectivamente, sendo que sobe para 8,2 quilos na faixa de renda de quatro a 7,5 salários-mínimos.

Já o perfil "classista" dos demais óleos é mais nítido. O de milho, com média de 186 gramas, cai para 51 entre os pobres e sobe para 654 entre os ricos; o de canola, média de 91 gramas, cai para 2 gramas entre os pobres e, entre os ricos, atinge 391 gramas. Isso quer dizer que o óleo de canola pertence ao topo da pirâmide social. Canola não existe, é apenas uma sigla Canadian Oil Low Acid – e é óleo de uma variedade de colza. O óleo de milho: 91 gramas nos estratos inferiores de renda contra 391 nos estratos superiores; o de girassol, 32 gramas contra 425 e, finalmente, o de oliva, 70 gramas contra 497 gramas entre os melhores postos na escala de salários.

Assim, além de variar segundo o "gosto" e as receitas, as gorduras e óleos se distribuem pela população de modo bastante coerente com a renda.

APEQUENAMENTO DOS PEIXES

O crítico gastronômico Luiz Américo Camargo tem defendido a boa causa dos peixes e postou uma denúncia sobre a diminuição de tamanho dos animais nas feiras e mercados (abaixo dos 35 cm permitidos), a par com seu encarecimento. E registrou, também, a propagação dos pratos com robalo nos restaurantes (sushi, ceviches, pratos quentes).

Pois levei um papo com meu peixeiro sobre o vermelho, também apresentado em tamanhos pequenos. Tinha me acostumado com os vermelhos enormes, de quatro a cinco quilos que, não sei por que diabos, os peixeiros só vendiam inteiros. Nunca em postas ou filés, alegando que "rendem pouco". Era um custo encontrar alguém para dividir o peixe. O fato é que os peixões, vindos da costa do Maranhão, já não estão tão frequentes. Surgiram, em substituição, os pequenos, de 1 a 1,5 quilo. Os peixeiros dizem que, agora, os grandes vão direto do Ceasa para os restaurantes e os pequenos para as feiras. Mas reconhece que, antes, não se pescavam os pequenos. Conclui que o vermelho está em franco processo de "robalização", conforme denuncia Luiz Américo. Animais pequenos são sinais de predação da espécie.

Mas, no geral, temos pouco conhecimento sobre os recursos pesqueiros do Brasil que, aliás, não são tão fartos quanto se imagina. E também não estamos vigilantes quanto ao manejo. Ouvi dizer que o aparecimento mais frequente do tamboril se deve à pesca feita em águas mais profundas, justamente porque os peixes mais superficiais escasseiam. Não vejo como mudar essa situação se não houver uma tomada de posição dos consumidores institucionais (restaurantes e indústrias). Mas, a julgar pelo que ocorreu com o salmão – espécie que já quase foi pro beleléu, sendo substituída pelos equivalentes frangos-d'água doentios, coitados – não temos razões para sermos otimistas.

ENTRE FORMIGAS E SALMÕES

O jornal norte-americano *The New York Times* colocou no Brasil o repórter Alexei Barrionuevo como substituto de Larry Rohter, que havia se incompatibilizado com Lula (foi ele quem disse que Lula gostava de uma birita).

O escritório do NYT no Rio cobre basicamente todo o Cone Sul e, claro, Barrionuevo acabou se envolvendo em novas polêmicas com os poderosos, sendo repudiado no blog de campanha de Dilma Rousseff. Mas isso não nos interessa aqui.

O que interessa é que Barrionuevo costuma acompanhar, com sensibilidade, algumas questões ligadas ao meio ambiente que são de importância para a alimentação.

Foi ele quem levantou, há anos, com grande impacto, a crise da indústria do salmão no Chile, mostrando o comprometimento do produto por parasitos e, em decorrência, pelo uso abusivo de antibióticos não admitidos pelo poderosa agência reguladora norte-americana (FDA).

O efeito da matéria foi devastador nos EUA. Várias redes de supermercados pararam de comprar o produto, e a indústria chilena acusou-o de estar a serviços dos produtores noruegueses. Mesmo assim, ele não abandonou o terreno: em 2009 mostrou, utilizando dados oficiais, que o Chile ainda usava 350 vezes mais antibióticos em suas fazendas de salmão que a Noruega, o país líder na produção desses frangos-d'água.

Os antibióticos da família quinolone, proibidos pelo FDA, são utilizados no Chile para combater a bactéria parasita rickéttsia.

Alexei Barrionuevo fez outra denúncia sobre o uso abusivo de pesticidas no Brasil, comprometendo a velha tradição rural de se comer formigas içá.

Sua reportagem estava focada em Silveiras, em São Paulo, onde a quantidade de formigas tem sido cada vez menor graças aos pesticidas utilizados nos reflorestamentos de eucalipto.

Alexei mostrou como, na Colômbia, tradição semelhante tem sido fonte de receita extra para moradores, que exportam as formigas para a França e Grã-Bretanha, onde são consumidas banhadas em chocolate. Mas em Silveiras, vive-se, ainda, uma certa vergonha por se comer formiga. Um hábito indígena massacrado pela "civilização" que permite, agora, o avanço incólume do envenenamento ambiental.

OS LIMPINHOS, A COMIDA E A MILÍCIA ALIMENTAR

Viver é perigoso, ensinou Guimarães Rosa. Mas os riscos a que se referia estão bem distantes daqueles que, hoje, se imaginam escondidos na comida. No mundo de Riobaldo não existem micróbios, como nos vendem os higienistas de todas as cepas. Só havia Hermógenes, o "tigre assassim". O "risco" de hoje é difícil de ser decifrado, mas precisamos nos esforçar, pois tem se tornado um incômodo para o viver (e comer) livremente.

Foi dito por Savarin a célebre frase que se repete à exaustão: "diga-me o que comes e dir-te-ei quem és". Pois então: comemos salmão chileno. Me dá nojo saber que eles são alimentados com ração à base de pena de galinha. E me pergunto: se eu sou o que eu como, não são os salmões o que comem também? Ou eles têm um misterioso mecanismo de purificação que eu não tenho e, por isso, posso comer pena filtrada por eles?

Parece que os vínculos com a natureza permanecem contaminantes, apesar dos processos de transformação que a fazem desembocar no prato, sendo necessário manter distância. Mais do que a distância que o garfo impôs, agora é com a mão cujo trabalho conformou o produto; com os equipamentos; os insetos do ambiente e assim por diante.

Parece até paradoxal que haja, na cidade, um restaurante que se chama Sujinho e que, na minha juventude, era conhecido como "bar das putas". O diminutivo de hoje é uma metáfora carinhosa do realismo do passado. A linguagem se transforma também por impulsos morais-sanitários. Que eu saiba, nunca se constatou ali uma barata.

Houve época em que os chineses eram considerados sujos em suas pastelarias paulistanas. Uma campanha pública de "higiene" afastou-os da atividade, servindo para introduzir no ramo os "limpinhos" japoneses. Foi um vereador da colônia japonesa, aliás, quem comandou a campanha. Mas, parece, foram os chineses que inventaram o pastel. Informação útil numa época de comidas étnicas limpinhas.

É claro que chineses não possuem a mesma concepção de "limpeza" que o Ocidente, o que não quer dizer que sua cultura – muito mais antiga que a nossa – não tenha provido a vida dos mecanismos defensivos suficientes para atingir uma população daquele tamanho. Por contraste, vemos que o problema em nossa moderna sociedade é que demarca territórios com uma sujidade em parte imaginária. Antropólogos já falaram sobre isso em livros clássicos (como o *Pureza e perigo* de Mary Douglas).

No plano vivencial, lembro de um gesto infantil que consistia em assoprar ou esfregar na roupa um biscoito que tivesse caído no chão como suficiente para restaurar a higiene. Mas era preciso também lavar a mão após se pegar em dinheiro, coisa que não ocorre quando se pega euros ou libras esterlinas; ainda é preciso fazer exames de pele para entrar na piscina do clube, coisa que não se faz nas piscinas públicas de Paris. Nos autorrepresentamos como um povo de corpo sujo e sujeito a inúmeras contaminações por contato. Em muitos lugares, substituiu-se o acolhedor cafezinho por um display com álcool gel para limpar as mãos. Talvez, acima de tudo, tenhamos mentes porcalhonas.

Padrões industriais – laboratoriais – de limpeza se impuseram, às vezes com o auxílio da lei de um Estado que parece não ter mais o que fazer, de tão "mínimo" que ficou (senão de fato, moralmente). A publicidade da TV povoa o mundo de "germes" e "micróbios" – expressões, aliás, bem arcaicas – para vender sanitizadores de todo tipo.

Os cheiros são outra fonte de perturbação da ideologia higienista urbana. A começar pelos cheiros humanos. O cocô das crianças no banheiro, o cheiro íntimo da mulher, combatido por desodorantes com aroma de moranguinho ou camomila. E, dessa maneira, paulatinamente, vamos nos isolando do mundo real. Uma espécie de "analfabetismo aromático" vai envolvendo as pessoas, a ponto de já não identificarem o cheiro do morango natural, pois se acostumaram à sua representação química evocativa.

E cheiros antigos – como o cheiro de bosta dos currais, onde se ia tomar leite cru, tirado da vaca na hora – já causam repulsa e convulsões aos limpinhos da modernidade. No tempo da literatura de Monteiro Lobato ou Francisco Marins eram cheiros inebriantes da ruralidade.

Talvez por essa saturação, Andoni reivindique o direito ao insípido – o que vale dizer, também ao inodoro – para reconstruir um mundo gustativo e cheiroso a partir de um marco zero. Também a Slow Food, na contramão da tendência inodorizante, quer reeducar o nariz, como forma de reapropriação da natureza.

LEIS SANITÁRIAS: AMEAÇA OU PREVENÇÃO?

"Os currais são sujos e fedidos", ouço um representante do Ministério da Agricultura sacar como argumento contra os queijos de leite cru, em reunião com a Slow Food. A frase pede a nossa cumplicidade limpinha, mas, ao meu lado, alguém cochicha: "Será que eles têm um programa pra asfaltar os currais?"

Não é possível situar essas falas fora de um quadro de grande ofensiva do Estado sobre a vida privada, o que vai além das noções básicas de higiene que se transmitem pela família e pela escola. No meio urbano, estamos longe da ruralidade e dos processos de produção de alimentos e facilmente ficamos impregnados por bobagens a respeito dos riscos alimentares e aromas indesejados. Somos vítimas fáceis do "totalitarismo democrático".

Me explico: a Guerra Fria associou, durante décadas, totalitarismo a autoritarismo ou ditadura. Assim como o livro *1984*. Mas cientistas políticos sabem que o totalitarismo não precisa de ditaduras para se impor: corresponde aos controles sobre uma esfera crescente da vida privada e, para isso, bastam leis "democráticas". Precisa também, é claro, do espírito crédulo, disposto a reconhecer que são normas "necessárias". E precisa que concordemos que o Estado zela por nós ali onde, antes, fazíamos nossas escolhas sem ingerência pública.

Há duas maneiras de imaginar o nascimento das leis sanitárias com respeito à alimentação: em resposta a uma ameaça real (uma epidemia, por exemplo) ou como prevenção. Em países como o nosso, onde há pouca pesquisa e as estatísticas de saúde não são confiáveis, prevalece o extremo zelo dos burocratas: é melhor proibir rigorosamente tudo antes que aconteça o pior. E, assim, ficamos entregues a seu juízo arbitrário. Mas o que é o pior? São os relatos mais extremados que eles leem na literatura estrangeira.

Qual o risco, por exemplo, que representa o consumo de leite cru? Sabemos de gerações e gerações devotadas ao consumo desse produto. Não há casos de malefícios em quantidade que possa nos alarmar. Mas, da boca das nossas autoridades, os exemplos escolhidos para lancetar os pequenos agricultores que produzem leite vêm de um cenário internacional, como o "surto de *Escherichia coli*, que foi relacionado com a ingestão de queijos produzidos com leite não pasteurizado nos EUA. Também foram encontradas amostras de queijos, produzidos com leite não pasteurizado, contaminadas com *Listeria monocytogenes*. Onde estão, porém, os casos brasileiros? Simplesmente não há registros por aqui de ocorrências iguais. Claro, culpam-se as falhas das estatísticas sanitárias. Supõe-se que o mal grassa clandestinamente.

Mas há quem acredite que um agente perigoso como a bactéria listeria não encontra condições térmicas para se desenvolver aqui como nos países frios. Ademais, mesmo nos padrões europeus, é tolerada certa ocorrência mínima de listeria no leite (cru ou pasteurizado), evitando-se a histeria de identificar sua simples presença como risco real à saúde. O mesmo acontece com outros agentes patogênicos, cuja presença no leite brasileiro já basta para condená-lo, ao passo que na França eles são analisados da perspectiva das toxinas presentes, não apenas da contagem dos micro-organismos.

E há fatos que, com isenção, podem ser alinhados em defesa do produto de leite cru. Basta, por exemplo, conhecer os trabalhos de Dominique Angèle, Vinciane Dufour e Marie-Christine Moreau – ligados a instituições como a Faculté de Médicine et de Pharmacie, ao INRA etc. –, que mostram os danos originados na pasteurização do leite, como a aparição de alergias e a alteração da microflora intestinal. Há também trabalhos de alcance mais geral, como os de Laurence Bérard e Philippe Marchenay, que bem mostram como as normas sanitárias europeias têm sido usadas pela grande indústria para exigir proscrição do leite cru, como fazem aqui.

São esses agentes, ligados ao grande negócio do leite, que agitam o fantasma da contaminação pela listeria. A "listería", ou histeria da listeria, tem pouca base objetiva. Consiste em fazer um carnaval a partir de uma doença rara. Uma epidemia em 1997 afetou 225 pessoas na França, e os dados mostram que, em 10 anos, a ocorrência de casos de contaminação diminuiu para um terço. Os casos fatais (que não chegam a 20% dos casos de contaminação) foram verificados em pessoas imunodeprimidas. Seja como for, as estatísticas mostram quatro casos por milhão, sendo que alguns casos identificados não foram fruto de contaminação por leite cru, mas sim por consumo de língua de porco em geleia.

Esse tipo de temor (de terror, melhor dizendo) é que justifica, entre nós, que o Regulamento de Inspeção Industrial e Sanitária de Produtos de Origem Animal (RIISPOA) diga, num de seus artigos: "Art. 509 - Nas localidades onde existir usina de beneficiamento de leite, não é permitida a venda de leite cru, não podendo a autoridade estadual ou municipal dar concessão para o comércio deste tipo de leite". Quer dizer: um negócio, um modo de vida, uma tradição, só tem existência legal se e enquanto não chegar à indústria capitalista (dita usina de beneficiamento). Então, o leite cru é apenas uma reserva de valor a ser incorporada pela expansão do capital no campo, impondo inclusive seus padrões sanitários. É como se sua casa só tivesse a proteção do Estado enquanto um incorporador não apresentasse um projeto de prédio para fazer no seu terreno.

Outra coisa: as grandes usinas de beneficiamento de leite têm imposto ao pequeno produtor a adoção, na propriedade, de microunidades de resfriamento do leite que será destinado à pasteurização. Essa prática é boa? Cientistas de vários órgãos técnicos publicaram artigo na *Revista Ciência e Tecnologia de Alimentos* (2006) em que concluem: "O leite cru refrigerado mantido no silo industrial não atendeu ao padrão microbiológico legal e apresentou contagens microbianas significativamente superiores às do leite mantido em tanques individuais ou coletivos. Bactérias Gram-negativas foram isoladas com maior frequência dentre os psicrotróficos proteolíticos. A refrigeração do leite cru, por períodos prolongados, na fonte de produção ou na indústria, pode comprometer sua qualidade". O Estado "protetor" fecha os olhos para a contestação científica.

Você também deve conhecer as carnes de sol, conservadas a partir da desidratação ao sol e sal. É um processo secular, coroado de sucesso. Pois saiba que o Serviço de Inspeção Federal (SIF) tem exigido, agora, que a elas se acrescente os nitrato e nitrito de sódio; segundo o órgão, para inibir o botulismo; para os produtores, para conservar a cor. Para muitos, um risco maior de câncer. Quais as estatísticas de incidência de botulismo no Brasil? Não são dadas a público.

São exemplos como esses, relacionados a produtos de origem animal, que firmam a convicção de que o Estado nem sempre é o melhor defensor de nossa saúde. Especialmente quando se trata de lidar com formas tradicionais de produção, cujo tempo comprova a eficácia dos mecanismos de preservação da sanidade alimentar.

PROIBIR POUCO A POUCO

É uma palavra estranha essa que designa a demanda por novas normas sobre a vida cotidiana: normose. Vale a pena dar uma olhada na internet para se esclarecer sobre o alcance do fenômeno. É por causa da normose que uma sociedade, antes fumante, fica tão virulentamente contra o hábito de fumar.

Mas a tendência forte do Estado em se imiscuir nessas questões relativas à vida cotidiana, às escolhas das pessoas, tem início – ao que parece – em torno de 1996. No seu discurso anual, Bill Clinton informou à nação que a era do "grande governo" havia terminado. Isso significava que, no plano interno, o governo escorregava da União para municípios e estados.

Em 1997, Al Gore explicou aos seus eleitores que o governo era "como avós, no sentido de que os avós desempenham uma função de cuidar". Já o jornalista David Harsanyi (*The Denver Post*) vem travando uma batalha esclarecedora contra essa forma de totalitarismo. No livro *O Estado babá*, procura documentar como "radicais, bom samaritanos, moralistas e outros burocratas cabeças-duras tentam infantilizar a sociedade".

Para ele, o "Estado babá é um local em que o governo assume um hiperinteresse em microadministrar o bem-estar dos cidadãos, nos protegendo de nossos próprios comportamentos"; isto é, se recusa a proteger "a minha autonomia e meu direito de ser nocivo, degenerativo ou ofensivo". Há lugares onde esse poder tão abusivo do Estado chegou a extremos capazes de estabelecer multas para infrações como mascar chicletes. Tudo isso, diz ele, é o oposto daquilo pelo que lutaram os Pais Fundadores da nação norte-americana: a distinção entre o público e o privado, a esfera na qual decido eu, separada daquela onde decide o Estado, preservando o meu espaço privado.

Nós achamos razoável proibir o cigarro. Mas, como diz uma fonte de Harsanyi, "o governo está se intrometendo cada vez mais nos bares para controlar as coisas. Imprimimos um cartaz para uma propaganda que dizia: primeiro eles querem seus cigarros. Depois, virão proibir seus *happy hours*. E depois, confiscarão as bebidas. Eles estão usando a abordagem de proibir pouco a pouco".

Nós sabemos que a estupidez dos norte-americanos é mais poderosa do que a nossa. Ela passa por credulidade. Mas como os achamos um bom exemplo, devemos nos cuidar, pois, como diz David Harsanyi, a primeira divisão dessa imbecilização normativa vem da ofensiva da chamada "milícia alimentar", que defende o controle do governo sobre as suas escolhas como se fossem guardiões do seu estômago. Harsanyi acha que eles são simplesmente fascistas com métodos próprios de ação.

Nesse domínio do babysitterismo, prevalecem as boas intenções contra o seu direito de escolha. Se for impossível impor leis municipais, estaduais ou nacionais restritivas, os babysitteristas atacam através do litígio legal que, nos EUA, é uma forma bem poderosa de legislar.

A primeira fonte de ataque é o escândalo com bases falsas. Como o escândalo da obesidade, arquitetado pelos Centers for Disease Control and Prevention, em 2000, alardeando que, por ano, morriam 400 mil norte-americanos por excesso de peso, clamando ao governo uma política pública. Depois da ofensiva dos governos contra a "epidemia", revistas como o *Journal of the American Medical Association* mostraram a grande balela que era o alarmismo, com base em estatísticas falsas, reduzindo o número a 25 mil mortos. Na esteira do escândalo, Nova York, Chicago e Massachusetts explodiram em proibições alimentares.

Um pesquisador de gorduras e colesterol, o dr. David Kritchevsky, mostrou como esses alarmismos, ou "pânico do momento", criam facilmente bodes expiatórios que impulsionam interesses nem sempre claros, como a onda de proibir gordura trans. "Se podemos proibir um ingrediente que não é saudável, o que impede o governo de proibir muitos ou todos eles?".

Por esse caminho chegou-se a absurdos, nos EUA, em certos estados e cidades, de se proibir um jovem de 18 anos de comprar um barril de chope, embora possa comprar facilmente uma carabina. Afinal, na mitologia norte-americana, assassinatos e estupros estão mais diretamente ligados ao álcool do que às armas. Para eles, a disponibilidade é a mãe do abuso.

Se nos lembrarmos da máxima de Savarin podemos, hoje, invertê-la para obter uma representação melhor da realidade: "Dizei-me o que não comes e dir-te-ei quem és".

8 COZINHA INZONEIRA

CAMINHOS DA CONSTRUÇÃO DA BRASILIDADE

Em várias partes do país, vários restaurantes buscam se diferenciar trabalhando sobre as percepções da culinária brasileira. Dificilmente conseguem se afastar do mito modernista (segundo o qual nós somos a fusão do índio, do negro e do português), razão pela qual, quando o conseguem, a experiência é de grande valor.

Para a inovação, enfrentam dificuldades com o gosto do próprio público. Um bom exemplo disso é o restaurante O Navegador, de Tereza Corção, no Rio de Janeiro: em paralelo ao seu trabalho consistente com a mandioca e seus derivados, a cargo de uma ONG que fundou (Instituto Maniva), é visível a dificuldade em implantar um cardápio exclusivo com essa orientação, pois a "culinária brasileira" é ainda obrigada a dividir com a "cozinha internacional" a preferência do seu público. Mas vários chefs realizam experiências interessantes em seus estabelecimentos, mesmo quando elas não conquistam o coração dos seus cardápios[1].

Como contraste, um lugar bastante próprio para se estudar as tendências modernas da culinária brasileira é a capital paulista. Talvez a razão disso seja a dimensão cosmopolita que sua culinária acabou por adquirir, por obra e graça do gigantismo metropolitano.

Nesse processo, seu desenvolvimento cortou os vínculos com qualquer cozinha regional própria (caipira ou caiçara) e passou a dar livre curso a vários estilos de comer entre seus habitantes. Houve, de maneira involuntária, a perda do enraizamento étnico da culiná-

---

1. Roberto Smeraldi, *Alquimistas da floresta*. São Paulo: Amigos da Terra, 2005.

ria brasileira na medida que a cidade oferece, de modo equivalente, várias outras opções banalizadas, distantes dos sentimentos que a forma tradicional de ancoragem culinária suscita. Assim, come-se à italiana, à francesa, à maneira japonesa, chinesa ou tailandesa – e mesmo à brasileira – com um sentido lúdico forte mas livre do compromisso cultural profundo com a origem dessas dietas.

Os sociólogos chamam esse fenômeno de "desencantamento do mundo", isto é, a perda da magia, do encanto ou sentido inerente às coisas; uma conduta que desvaloriza as emoções e a transcendência – um processo que caminha no sentido de conferir racionalidade a um mundo antes irracional e mágico.

Em termos simples, esse processo permite que as pessoas hoje se debrucem sobre os modos brasileiros de comer com interesse equivalente ao que devotam às cozinhas de outros países.

A rigor, o grande desafio dos cozinheiros que queiram trabalhar com ingredientes brasileiros – mesmo que em receitas tradicionais, apelando inclusive para aspectos extraculinários dessas receitas (a origem no candomblé da cozinha baiana, por exemplo) – é disputar o gosto do público no confronto com inúmeras alternativas que não possuem enraizamentos em nossa cultura.

Se o enraizamento brasileiro dos ingredientes pode ser convertido numa "vantagem competitiva" é preciso ver em que sentido esse confronto se processará e, para tanto, a atenção deve se voltar para as várias estilizações a que o conceito de "cozinha brasileira" vem sendo submetido. Em outras palavras, o "reencantamento do mundo" depende de um diálogo intenso entre ciências, técnicas, tradições e culturas que ponham em destaque aquilo que possa ser ressignificado.

TÉCNICAS, RECEITAS E INGREDIENTES

De um ponto de vista metropolitano (se assim podemos chamar São Paulo), o Brasil é longe daqui. Não participamos intensamente de nenhuma grande tradição que possa ser chamada de "brasileira". Por isso há várias dificuldades na aproximação ao país comestível. É difícil saber o que é "original", por exemplo. Mas há que tentar, e os pesquisadores em geral escolhem um entre três caminhos: técnicas, receitas e ingredientes.

As técnicas culinárias se difundiram pelo mundo, perdendo a capacidade de, sozinhas, diferenciarem uma culinária das demais. A sua vulgarização e estabilização no bojo das várias culinárias produziu uma homogeneidade que tende à monotonia. Alguns pesquisadores, para contornar essa situação, acreditam descobrir técnicas inéditas na culinária brasileira que, na verdade, não passam de gestos isolados, como o modo de picar couve na culinária mineira. É um autoengano, pois técnica é palavra que reservamos para designar conjuntos de gestos e procedimentos que resultam num produto único. Talvez seja impossível se chegar a um conjunto de técnicas genuinamente brasileiras, como o raro caso da preparação do tucupi. Daí decorre que, como muitos chefes percebem, a capacidade de inovação (de "transgressão") depende, de fato, do repertório de ingredientes e produtos utilizados na experimentação gastronômica. Mas, para chegar a eles, precisam compreender o significado das receitas.

As receitas plasmam produtos. Correspondem a modos mais ou menos rígidos de apropriação da biodiversidade através de matérias-primas culturalmente produzidas. Elas cristalizam matérias-primas e técnicas em produtos. O caminho é muito estreito. Há gente que diz ter receita original de feijoada, mas diante de uma feijoada sabemos como chegar a ela; como os vários caminhos que levam a Roma. Por isso, libertos das receitas em que são aplicados de modo tradicional, ingredientes e produtos brasileiros parecem descomprometidos com a história, provocando reações dos conservadores contra as propostas renovadoras dos chefes que investigam e buscam explorá-los de novas maneiras.

Mas a palavra "ingrediente" não é unívoca. No uso comum, é tudo o que entra na preparação de uma receita. Uma farinha, por exemplo, é ingrediente de um bolo, embora seja um produto industrial. Restrita a um produto ou a uma matéria-prima *in natura*, a palavra pode nos levar a incorrer em erro, confundindo-se com a biodiversidade. Mais correto seria dizer que os chefs buscam desenvolver uma culinária de ingredientes e produtos que, no caso que nos interessa, seriam expressões de um país ou território.

A rigor, a condição de produto ou ingrediente depende da posição que ocupam no processo de produção: no seu início ou em fases intermediárias. Exemplificando: o leite cru é ingrediente do queijo minas artesanal, que é um produto; mas este mesmo produto é ingrediente do pão de queijo mineiro.

Contudo esta é uma falsa oposição, pois não é possível pensar qualquer ingrediente como algo desprovido de história, como um pedaço da natureza em "estado puro". O trabalho humano, que conforma a natureza para o consumo alimentar, principia na identificação do que é útil. Espécies vegetais são nocivas ou benéficas, saborosas ou não, segundo uma experiência que, antes de ser individual, é grupal – às vezes tributária de milênios de experiências. Formigas são saborosas para quem não está submetido aos tabus que vedam insetos. A própria história da mandioca e como os indígenas conseguiram eliminar sua toxicidade, tornando-a apta ao consumo, é um excelente exemplo do que dizemos. Nesse sentido preciso, a mandioca, mesmo *in natura* e porque cultivada, é um produto cultural milenar.

A passagem da "biodiversidade" à condição de "ingrediente" é um processo cultural – são maneiras determinadas de se chegar a produtos; e a cultura, ao mesmo tempo que possibilita, limita seu uso. Se nos ativermos, por exemplo, às maneiras tradicionais de utilização do dendê, nunca poderemos explorar convenientemente o potencial de usos que encerra além de integrar moquecas e servir de meio de fritura para acarajés. Desse ponto de vista, colecionar receitas, decalcá-las na história, é ver a árvore e não enxergar a floresta. É não perceber, por exemplo, que tudo e qualquer coisa que venha a se fazer do pequi (*Caryocar brasiliense*) sempre terá enraizamento brasileiro – pois é um fruto exclusivamente nacional, domesticado há mais de mil anos pelos indígenas.

Ao tratar os ingredientes devemos observar nossa própria história culinária sob nova ótica – como história de coisas úteis plasmadas pela cultura brasileira, sejam produtos nativos ou exóticos aclimatados. A hierarquização histórica do trabalho culinário é essencial para que a "cozinha de ingredientes" não se perca em discussões estéreis que só limitam o impulso criativo e renovador dos chefes de cozinha atuais.

Se houve alguma virtude duradoura no período colonial ela se deve à mundialização da economia alimentar: uma enorme e ininterrupta transação de espécies, especialmente botânicas, envolveu Ásia, África, Europa e as Américas. Esse processo sucedeu as transações pré-colombianas, como foram aquelas responsáveis pela difusão da mandioca e do milho em território brasileiro num longo processo que durou de 500 a.C. até 1500 d.C. e que nos dá um mapa que contrapõe a Amazônia e o litoral, até a altura do Rio de Janeiro, devotados à mandioca, e o Brasil meridional, que vem das cabeceiras da bacia amazônica até o pampa riograndense, avançando pelo planalto central em direção ao litoral paulista, onde o milho foi estratégico.

AS MANCHAS CULINÁRIAS NO BRASIL

Voltado ao nosso observador de um ponto de vista metropolitano (paulistano, se é possível), temos que seu primeiro impulso na busca de ingredientes é orientado por uma ideia de tipicidade regional em que ingredientes, cultura e etnicidade parecem se fundir em algo original. Nisso ele estará seguindo orientações tradicionais que nos reportam aos anos 1920, como no seguinte texto de Gilberto Freyre:

"Três regiões culinárias destacam-se hoje no Brasil: a Baiana, a Nordestina e a Mineira. A Baiana é decerto a mais poderosamente imperial das três. Mas talvez não seja a mais importante do ponto de vista sociologicamente brasileiro. Outras tradições culinárias menos importantes, poderiam ser acrescentadas, com suas cores próprias, ao mapa que se organizasse das variações de mesa, sobremesa e tabuleiro em nosso país: a região do extremo Norte, com a predominância de influência indígena e dos complexos culinários da tartaruga [...] e da castanha, que se salienta não só na confeitaria como nas próprias sopas regionais – tudo refrescado com açaí célebre [...]; a região fluminense e norte-paulista, irmã da nordestina em muita coisa pois se apresenta condicionada por idênticas tradições agrário-patriarcais e mais de uma sub-região fluminense, pelo menos uso farto do açúcar; a região gaúcha, em que a mesa é um tanto rústica, embora mais farta que as outras em boa carne [...]. O mais poderia ser descrito, do ponto de vista culinário, como sertão: áreas caracterizadas por uma cozinha ainda agreste [...] e nas florestas do centro do país pela utilização da caça e do peixe de rio – tudo ascética e rusticamente preparado. A influência portuguesa onde parece manifestar-se ainda hoje mais forte é no litoral, do Maranhão ao Rio de Janeiro ou a Santos. [...] A influência africana sobressai na Bahia. A influência ameríndia é particularmente notável no extremo Norte [...]. Mas como noutras artes, as três grandes influências de cultura que se encontram à base das principais cozinhas regionais brasileiras e de sua estética são a portuguesa, a africana e a ameríndia, com as predominâncias regionais já assinaladas"[2].

Essa passagem resume o discurso sobre a culinária brasileira vigente ainda hoje com pequenas variações; equilibra os componentes do mito modernista – o índio, o negro e o branco – suprimindo exatamente a hierarquia real que houve entre eles. As contribuições são tomadas como equivalentes, sem reterem a história da opressão que marcou o colonialismo e, portanto, o poder seleti-

---

2. Gilberto Freyre, "O manifesto regionalista de 1926: vinte e cinco anos depois". In: *Manifesto Regionalista de 1926*. Recife: Região, 1952.

vo que o colonizador exerceu sobre o colonizado, inclusive sobre o que comia.

Mais tarde, a partir do Estado Novo, a divisão do país em regiões sociopolíticas acabou prevalecendo, e a indústria do turismo buscou caracterizá-las também em termos culinários, criando "tipicidades". O resultado foi um conjunto de generalizações sem sentido. Por exemplo, o churrasco como típico do gaúcho. Sabemos que o churrasco é, hoje, um prato consumido do Oiapoque ao Chuí, de sorte que não é "típico" do Rio Grande do Sul.

Desse modo é perfeitamente possível (e desejável) abandonar a divisão sociopolítica da nossa culinária, redesenhando o território segundo a tipicidade de ingredientes ou produtos de um ponto de vista estritamente culinário, como é do feitio da noção de "terroir". Nesse novo "mapa", a continuidade territorial artificial (as "regiões" do IBGE) é substituída por manchas culinárias descontínuas e mais úteis. De maneira sintética, e apenas a título de exemplo, teríamos:

A culinária amazônica: caracterizada pelo uso amplo da mandioca e seus derivados (farinhas variadas e tucupi), além das frutas, peixes de rio e outros produtos da floresta;

A culinária da costa: que se estende do Ceará ao Espírito Santo, marcada pelo uso de peixes, frutos do mar e do leite de coco;

A culinária do Recôncavo Baiano: tipificada pelo uso do óleo de dendê a partir da laicização da "cozinha de santos";

A culinária do Brasil meridional: onde é notável a difusão do cuscuz e outros pratos à base de milho, além da utilização farta das carnes, especialmente de pequenos animais, e preparações a partir de vísceras. Essa culinária apresenta manchas específicas a partir de outros ingredientes, tais como:

O pequi: especialmente no Centro-Oeste, estendendo-se até as franjas da Amazônia;

O mate: em toda a área de influência dos guaranis, compreendendo a região Sul, do Paraná ao Rio Grande do Sul e, no Centro-Oeste, o estado de Mato Grosso, alongando-se além da fronteira pelo Paraguai, Uruguai e Argentina;

O pinhão: a área da floresta original de araucária, onde ocorre o pinhão, constitui um ecossistema destacado do Brasil meridional, com culinária de traços originais;

A culinária caipira: compreendendo especialmente o estado de São Paulo, Minas Gerais e franjas do Centro-Oeste, calcada no milho, no porco e no frango, além dos vegetais e legumes de horta, com grande assimilação de técnicas portuguesas de preparo.

O detalhamento dessas manchas descontínuas fica na dependência do conhecimento etnográfico de cada território. A riqueza de ingredientes de cada uma delas é que deve constituir o objeto de estudo de quantos se preocupem em traçar um quadro moderno da nossa culinária, assim como a proposição de outros recortes que façam sentido, como tratamento alimentar ou do gosto.

Pode-se também classificar ingredientes a partir de outros critérios, como sua adoção e difusão pela culinária brasileira ou mundial. Tal enfoque pressupõe o reconhecimento de que, desde o período colonial, na intensa transação de espécies em escala global, o Brasil foi fundamental na formação do repertório alimentar moderno de boa parcela do mundo. No conjunto, chegamos ao século XIX com a flora brasileira incorporada, de modo seletivo, à nossa culinária.

O SERTÃO E SUA CULINÁRIA

A ênfase em ingredientes não decorre apenas de um mapa de suas localizações, pois está na dependência da história da alimentação de um povo e de verdadeiras modas culinárias ou gastronômicas. Coerente com essa demanda, muitos pesquisadores têm se debruçado de modo útil sobre o repertório da nossa biodiversidade.

Entre os vários interesses que orientam essas pesquisas, há aquela de investigação de plantas aromáticas da nossa flora, que tem posto em destaque várias espécies, como o cumaru (*Dipteryx odorata*), a priprioca (*Cyperus articulatus*), a iquiriba ou embiriba

(*Xylopia sericea*) e a *Otonia otonia* entre outras. Assim, plantas nacionais ou exóticas aclimatadas passam a ter seu lugar redefinido na culinária brasileira. Elas são extraídas de seus contextos e reinterpretadas pela vertente de usos culinários.

O exemplo do cumaru é o mais ilustrativo. De uso corrente no exterior há várias décadas, especialmente pela indústria de alimentos e de charutos, tem sido revalorizado como se fosse uma descoberta original. Contudo, no Brasil, não há uso popular em culinária, restringindo-se a usos em "banhos de cheiro".

Quando examinamos outras utilizações, como óleos para fritura, temos que, além do cumaru, muitos outros capazes de aromatizar as frituras eram usados no passado: o de castanha-do-pará (*Bertholletia excelsa*); de sapucaia (*Lecythis pisonis*); de indaiá-açu ou de catulé (*Attalea oleifera*), da região de Goiás; o batiputá (*Ouratea parviflora*), da Paraíba e Rio Grande do Norte; o de umiri (*Humiria floribunda*), comum no Amazonas e no Pará, e o já citado cumaru.

Com o desenvolvimento da indústria, prevaleceram os óleos mais "neutros" para a fritura, graças a um ideal da gastronomia europeia desde o século XIX, e os óleos regionais saporificantes caíram em desuso, só restando "ativo" o de dendê. Desse modo, vê-se que a "diversidade" culinariamente útil não depende tanto da sua ocorrência, mas de modas relacionadas com o estágio de desenvolvimento geral da sociedade, de ideologias nutricionais, gastronômicas etc.

Além desses aspectos, outros concorrem para o desprezo de grande parte das possibilidades de uso culinário presentes nos ingredientes de um dado território. É o caso do sertão nordestino e sua culinária que manteve fortes os vínculos com a origem ibérica.

Pouco do sertão se incorporou à culinária metropolitana. Isso é visível já na seleção de certos ingredientes básicos como a cabra e seus derivados, o carneiro, a galinha-d'angola, o porco etc.

Desde sua introdução no sertão, o leite de cabra tornou-se a principal alimentação das crianças, substituindo o leite de vaca, dedicado ao fabrico de queijo e coalhada, ou consumido misturado à batata, jerimum, farinha ou rapadura. Da mesma forma, a "carne de bode", embora considerada inferior à carne bovina, ocupou papel de destaque. Seu consumo não se fazia apenas em ocasiões festivas, como acontece com a carne suína, mas concorria com a carne de galinha como fonte de suprimento proteico. Além disso, seu couro, de valor relativamente elevado, era uma das poucas mercadorias que o sertanejo podia produzir para um mercado situado nas cidades e feiras, onde podia se abastecer de sal e outras mercadorias básicas.

Dona de uma culinária surpreendentemente delicada, com sua profusão de refogados e ensopados – de frango, carneiro, cabrito, galinha-d'angola ("capote", dizem), pirões, além do arroz, cuscuz de milho e da mandioca –, tudo com o uso moderado da pimenta que vemos em profusão no litoral, o sertão nunca mereceu tratamento sistemático do ponto de vista da nossa sociologia alimentar.

Trata-se de coisa de gente pobre, de vida simples, portadora de uma tradição que, ainda hoje, mantém referências fortes do mundo ibérico; longe do exotismo africano e da fartura que se construiu como imagem sedutora da alimentação litorânea. No sentido culinário, a história plasmou esse modelo sertanejo desde os pampas gaúchos até as franjas da floresta Amazônica, nas terras do Maranhão e Piauí; em outras palavras, há enormes convergências no modo de comer desse Brasil meridional que o distingue de maneira inequívoca das culinárias urbanas litorâneas.

Na longa história nacional, esse "gosto sertanejo" só adquiriu cidadania nos grandes centros urbanos onde é marcante a população de migrantes nordestinos. Pratos como a panelada (cozido que leva mocotó, miúdos de boi, toucinho e legumes), servida com pirão escaldado feito do próprio caldo; o sarapatel (guisado de sangue, tripas e miúdos de porco ou carneiro, bem condimentado, originado no Alto Alentejo); a buchada (cozinhado de bucho, miúdos, tripas, sangue e cabeça de cabrito, carneiro, ovelha ou bode); o sarabulho (iguaria típica portuguesa, que se prepara com sangue, miúdos, gordura e pedaços de carne de porco condimentado e ensopado, com origem no Minho); o meninico (guisado preparado com vísceras de carneiro); assim como o milho torrado e pisado no pilão; as tripas de porco torradas no espeto, para café da manhã; o amendoim cozido em paneladas; o ouricuri cozido ou seco; a coalhada escorrida com mel de abelha-preta – tudo isso nos dispõe à mesa um Brasil em torno do qual a sociedade culta e letrada jamais se propôs celebrar.

A RENOVAÇÃO DA CULINÁRIA NACIONAL

A tradição culinária é um fardo para a gastronomia. É fácil compreender isso se considerarmos a gastronomia como busca pela expressão dos prazeres que o comer encerra; se o que se visa é maximizar o prazer e não reproduzir infinitamente o que a tradição prescreve. Do mesmo modo, a fixação em ingredientes que expressem certa noção de brasilidade tem que enfrentar vários problemas: a) a dimensão do país e as questões logísticas; b) a legislação sanitária, especialmente a que se refere aos produtos de origem animal, que desfavorece os modos de produzir da pequena agricultura em favor da grande indústria; c) o gosto do consumidor urbano, mais próximo dos padrões industriais internacionais do que dos sabores de terroir brasileiros (como o gosto sertanejo, já referido).

Na tentativa de superar tudo isso, o chef criativo dá asas à imaginação. Torna-se "minimalista", demorando-se mais nos detalhes de ingredientes do que na proposta de uma ousada "revolução cultural" à mesa, como fizeram os espanhóis a partir dos anos 1990. Assim, torna-se mais difícil atingir aquele patamar em que o prazer de comer possa ser reconhecidamente superior ao modo tradicional de produzir um prato que nos encanta por vínculos com o passado.

Em outras palavras: como é possível nos afastarmos da feijoada, produzindo uma feijoada muito melhor sem que os comensais sintam nesse distanciamento uma traição da sua memória? A dificuldade de efetivamente "criar" é enorme! Imagine um feijão com arroz totalmente novo e surpreendente. Parece mesmo impossível transcender a tradição.

Apesar disso, há gente que se empenha em dar nova feição à culinária brasileira. Renovando-a para continuar competindo com as demais culinárias no terreno da modernidade; para que não fique lá atrás, como recordação, como retratos na parede que doem na alma. Trabalham para essa estranha ideia de Brasil viajar através dos pratos.

Com todos os riscos implicados no esforço de sistematização – especialmente o de simplificação – parece possível identificar ao menos cinco diferentes tendências de estilização da cozinha brasileira na cidade de São Paulo que se mostrem prontas para a tarefa de reencantamento da culinária brasileira.

Por "tendências de estilização" entendo esses caminhos, essas veredas, que alguns restaurantes ou chefs vão abrindo em meio ao cipoal da tradição e o fazer de uma maneira tão singular que parecem mesmo construir um "estilo", isto é, uma linguagem reconhecível como singular em meio à linguagem de domínio geral: você lê um romance de Clarice Lispector e reconhece a autora; lê um parágrafo de *Grande Sertão: Veredas* e sabe de que livro foi extraído, e assim por diante.

Portanto, aqueles que estão trabalhando para construir um estilo culinário acabam deixando um rastro reconhecível à mesa. Para construírem esse caminho, o importante é que as aproximações com os ingredientes brasileiros acontecem de uma perspectiva que não se limita ao movimento em direção às formas populares ou históricas de os comer, mas, sim, incluindo sua reinterpretação, conferindo-lhes uma universalidade que antes não apresentavam.

REFLEXÕES ENTRE GALINHAS, PEIXES, TARTARUGAS, O PADRE E O GOVERNADOR

I

"Você já comeu galinha caipira? Gostou?", me pergunta o governador do Acre, Tião Viana, um pouco antes do início de uma "tartarugada" feita numa fazenda no município de Xapuri, onde estávamos. Devia ser a décima pessoa a me fazer a mesma pergunta.

Eu havia comido galinha caipira cinco vezes, na curta estada de quatro dias entre Rio Branco, Cruzeiro do Sul e Xapuri, e como nunca topei com frangos de granja em parte alguma, nem nos mercados já com cara de supermercados, imagino que a pergunta do governador tinha um sentido bem diferente dessa opção gastronômica que fazemos aqui, no Sudeste, a favor de um tipo de galinha criada solta, com a pureza restaurada pelo ciscar o terreiro.

Galinhas vivas, amarradas na garupa das motos em direção às panelas, a farinha de mandioca, os derivados da "goma" ou polvilho, parecem constituir, junto com as 12 variedades de feijão, a essência da dieta dos acreanos pobres. Coisas arrancadas da terra do próprio quintal, transformadas pela colaboração constante entre todos os membros da família, sem outras necessidades além da mão de obra. Num plano mais profundo, claro, estão os frutos da floresta, as caças, os peixes, mas sobre isso tudo nem sempre é bom falar.

Basta você perguntar pela paca nas "pensões" do mercado central de Cruzeiro do Sul para ver se formar um ar entre o cúmplice e o desconfiado no rosto das simpáticas mulheres que parecem ter trazido para a praça pública suas próprias cozinhas domésticas numa cidade onde, talvez por falta de dinheiro, os restaurantes ainda não conseguiram se estabelecer. Nesses protorrestaurantes, o limite entre o proibido e o permitido não é claro. Afinal, o que garante que, diante do estranho, possam abrir os corações e as tampas das panelas? Pacas? "Hoje não...".

Foi o jesuíta, Pe. João Daniel, na sua obra *Tesouro descoberto no máximo rio Amazonas*, com mais de mil páginas escritas na prisão pombalina do século XVIII, quem descreveu à exaustão as riquezas florestais do Alto Amazonas, ainda sem discriminar entre as fronteiras do Brasil e países vizinhos.

Nesse livro, de leitura mais que obrigatória para aqueles que se dizem pesquisadores da Amazônia, o padre descreve a aversão dos índios mansos ao milho e ao frango, plantando o primeiro apenas para alimentar os segundos que vendiam aos portugueses. Explica-nos, também, que a mandioca, por absorver tanta mão de obra, não deixou tempo livre aos nativos para desenvolverem outras obras de civilização; por fim, descreve as maravilhas dos sertões – entre as quais as tartarugas – apenas fazendo ressalva pessoal aos vermes comestíveis, que lhe causavam asco.

Foi dessa ótica que me ocorreu, pela primeira vez, entender a pergunta do governador, como se fosse necessário ir ao território narrado pelo padre para entender suas palavras.

A galinha é um divisor de águas na Amazônia que, ultrapassado, nos atira num vale-tudo alimentar do qual o Ocidente ainda faz pálida ideia. Preferimos entender nossas próprias coisas como "exóticas", numa subversão vocabular que mostra o mundo invertido no qual vivemos ou comemos. E agora, no período pós-Adrià, nos reaproximamos da Amazônia, como se fosse um mundo novo. Mas "aqui sempre foi o fim do mundo. Agora o mundo começa aqui", me explica Tião Viana.

II

O Pe. João Daniel estava enganado. A mandioca não foi obstáculo à civilização, conforme imaginou no longínquo século XVIII. Os primeiros geoglifos foram encontrados no Acre, na segunda metade dos anos 1970, como fruto involuntário do avanço das frentes de expansão agrícolas do período militar – época na qual a arqueologia não imaginava que os chamados "povos da floresta" tivessem constituído qualquer civilização mais sofisticada. Além dos povos da Cordilheira dos Andes, da Amazônia, só se consideravam os centros cerâmicos de Santarém e Marajó. O resto era "história natural", uma vez que os vestígios de qualquer atividade cultural não eram "visíveis" ou identificáveis.

A descoberta dos geoglifos, assim como da chamada "terra preta de índio" (solos antrópicos milenares) mostraram a floresta como espaço de intensa atividade agrícola, manejo do solo e seleção artificial de espécies, conformando o que, ilusoriamente, se entendia como "mata virgem".

Há 9 mil anos do presente, povos ocupavam a área e desenvolviam técnicas sofisticadas de manejo florestal. Os castanhais, por exemplo, foram erroneamente considerados ajuntamentos espontâneos; eles foram criados pelo homem que viveu na Amazônia nos séculos anteriores à ocupação ocidental, tendo sido encontrados castanhais enfileirados, entremeados com plantações de cacauí.

É no fio dessas descobertas que se entende o Acre, hoje, como um poderoso polo de difusão cultural. Os geoglifos lá encontrados (hoje em torno de 300), estão datados de 800 a.C. a 1000 d.C. No seu território se formaram pelo menos 15 diferentes etnias, provavelmente descendentes dos primeiros ocupantes da área.

Há evidências de que há 8 mil anos se domesticou a mandioca por aquelas bandas. Duas subespécies selvagens dessa planta, uma delas a *flabellifolia*, que cresce como um cipó na floresta, mostram grande parentesco com a mandioca cultivada e têm sua ocorrência no sudoeste da Amazônia.

Também a pupunha teve seu trabalho de seleção artificial começado há cerca de nove mil anos no Alto Rio Purus, no Acre. Lá se encontram exemplares silvestres com frutos de apenas um grama, sendo que a pupunha domesticada pelos índios atinge 70 gramas por fruto. Portanto, é daquele "fim de mundo" que começou boa parte do Brasil indígena tal e qual apreciamos hoje, concluem os arqueobotânicos. Assim, muita coisa que parece "natural" é, antes de mais nada, produto cultural.

Em outras partes da floresta Amazônica também foram encontrados vestígios de ocupação milenar tão importantes como os geoglifos. Havia cidades cercadas, ligadas por largas estradas, ao longo das quais havia hortas e cultivos de pequi, mandioca e tanques de criação de tartarugas. Talvez as tartarugas possam ser consideradas, numa analogia moderna, os "frangos" dos povos indígenas.

Poderíamos achar que tudo isso, recordado hoje, é, para a culinária, um exagero frente à expansão universal dos modos de vida ocidentais. Mas é a pobreza que nos ata ao passado e preside as transações presentes. A mandioca resiste ao trigo, é certo, mas aparece no prato, em excesso de carboidratos, ao lado do arroz e do macarrão. Não há substituição, mas a adição do tempo novo ao antigo, em camadas, em desarmonia com o paladar que julgamos mais refinado.

A farinha de mandioca de Cruzeiro do Sul, considerada uma das melhores da Amazônia, é, na maioria das vezes, feita de "mandioca mansa", ao contrário daquela que se encontra tradicionalmente em Belém, por exemplo. Mas as duas mandiocas, parece, foram selecionadas a partir da mesma primitiva forma *flabellifolia*.

Há arqueólogos e arqueobotânicos que sustentam a hipótese de que a forma venenosa foi desenvolvida como maneira de pôr os cultivos a salvo dos animais predadores, quando o homem já havia desenvolvido a técnica de cozê-la, libertando o produto do veneno natural (cianeto) fixado como qualidade desejável dos cultivares.

Na história moderna é bem provável que os nordestinos, especialmente cearenses, que ocuparam o Acre para o cultivo da borracha – levando o Brasil a comprar o território da Bolívia –, tenham ajudado a fixar a preferência pela macaxeira na elaboração da farinha. Aliás, não só a farinha, mas toda a dieta dela derivada, com vários bolos e biscoitos enriquecidos com coco, denunciam um paladar mais nordestino do que propriamente amazônico.

Naquela lonjura de "fim de mundo", no isolado muito singular que pôde produzir as mandiocas modernas, até o feijão exibe exuberante variedade: são diferentes raças (há pessoas que contam 45 variedades), reivindicadas como identitárias e que se encontram por todo canto, corgutuba vermelho e branco; peruano, vermelho e claro; mudubim "normal" e roxinho; quarentão; manteiguinha (que me pareceram mais miniaturizados que o de Santarém) etc.

É quase obrigatório dizer que, em situações de isolamento, a assimilação é mais importante do que a dissolução do modo de vida tradicional. O território "recebe", mais do que se integra no global. Vai digerindo lentamente o que lhe chega, criando algo que não existia.

Evidentemente tudo o que se diz aqui são conjecturas, mas, afinal, a gastronomia está longe de ser uma ciência; e uma visão nova precisa sempre de novos argumentos, ainda que hipotéticos.

III

Miguel Fernandes de Araujo foi seringueiro; depois, regatão; depois, comerciante de atacado e varejo em Rio Branco. Hoje é fazendeiro de bois, peixes e tartarugas.

A fazenda de Miguel em Xapuri, Acre, parece escorregar do Brasil, pela encosta da Cordilheira dos Andes, para chegar a Lima. A carretera del Pacífico, que liga Rio Branco aos portos Andinos, será o novo corredor para exportação de produtos brasileiros para a Ásia.

"Antes tínhamos que atravessar o país em direção ao porto de Santos. Esperar vários dias para embarcar uma carga. O navio subia até o canal do Panamá e pagava R$ 5 milhões para atravessar para o Pacífico. Levávamos no mínimo 45 dias para entregar uma mercadoria em Tóquio. Hoje, em dois dias estamos em Lima, e em mais sete dias em Tóquio", diz Miguel enquanto passeamos num jipe John Deere por sua fazenda de 25 mil hectares, entre os 200 açudes com cerca de 3 mil peixes cada um.

São matrinxãs (*Brycon amazonicus*), pirarucus (*Arapaima gigas*), tambaquis (*Colossoma macropomum*), pacus de várias espécies, surubins ou pintados (*Pseudoplatystoma corruscans*), cacharas, outros menos votados e alguns híbridos produzidos ali mesmo. Mas um dos lagos tem a atenção especial de Miguel: o das tartarugas.

Nele, estão os exemplares de tartaruga-da-amazônia (*Podocnemis expansa*), de tracajá (*Podocnemis unifilis*) e de pitiú (*Podocnemis sextuberculata*). Além dessas três espécies de quelônios de água, Miguel cria jabutis (*Chelonoidis denticulata*) em terra firme.

"Isso aqui não é para vender. Só para o meu consumo. Sabe, eu sou amazonense, da Boca do Acre, e tinha uma dificuldade louca para comer tartaruga. Até que um amigo, do Ibama, me disse: 'Já sei. Tem um jeito de você comer tartaruga. Você se registra como criador e te damos uns filhotes para você criar'. Foi o que aconteceu".

Mas dá para desconfiar. Uma vida é pouca para 100 mil tartarugas. Naquele mesmo dia, por exemplo, comeríamos duas tartarugas de 10 quilos, numa refeição para vinte pessoas aproximadamente.

Aos poucos Miguel relaxa e vai entregando os pontos. Já vende tartarugas para os estados da Amazônia, para o Peru e a Bolívia. "Só há mercado regional. Fora da Amazônia não se come tartaruga. Tivemos algumas consultas do Canadá, é verdade. Mas não temos SIF (Serviço de Inspeção Federal). Então, exportar, por enquanto, só para o Peru e Bolívia, que não exigem o nosso SIF".

"Nos dê uns meses e teremos SIF, sim", garante o governador Tião Viana enquanto espera o banquete de tartarugas. O assunto é de minha predileção, e fico admirado, pois o SIF para o queijo Canastra, sabemos, não sai – apesar das promessas de Brasília. Mas um governador, creio, merece crédito nesse tema. Talvez o governador de Minas não se empenhe o suficiente com seus queijos...

Os peixes, sim, logo terão imenso frigorífico cooperativo, incentivado pelo governo. A produção será dirigida, em sua maioria, para a China e Japão. Entendo, então, o que significa dizer que o Acre, de "fim de mundo", tornou-se o "começo do mundo". De um mundo novo, voltado para os negócios da China. Cansou de ter o Brasil de costas para o seu território e produção.

Dona Maria, uma senhora de mais de 80 anos, escondida atrás dos óculos que lembram os de Fitipaldi, dispõe, numa bancada, oito diferentes pratos feitos a partir da tartaruga. Enquanto discorre sobre cada um, me vem à mente o "complexo da tartaruga", como o chamou Gilberto Freyre na sua classificação da culinária brasileira.

Trata-se do que de mais original o país jamais produziu, visto como "contribuição" das várias culturas que aqui se mesclaram. Complexo que foi silenciado não só pela legislação que proibiu a captura dos animais como também pela imposição secular do frango, comida de homem branco, conforme sugere a leitura do Pe. João Daniel. Índio, recordemos, não comia frango. Comia tartaruga.

A tartaruga é um animal multigastronômico. Partes remetem aos sabores do frango; outras, ao sabor da carne bovina; por fim, umas, ainda, ao porco. Versátil em sabores, é natural que seja versátil em preparações. Guisada, assada, em farofa. O fígado, em especial, me surpreendeu: quase negro, fino e longo, tem sabor mais delicado do que o fígado de outros animais domésticos.

Sem dúvida há uma sabedoria milenar no consumo de tartarugas. Não é de todo absurda a hipótese de que alguns geoglifos fossem tanques de criação de tartarugas. Como nossos antigos galinheiros no fundo das casas.

A "VOLTA À ÁFRICA" ATRAVÉS DO CUSCUZ

A nossa lida histórica com o cuscuz é bastante curiosa. Ele nos chegou como prato, vindo do Magreb (Argélia, Tunísia e Marrocos), trazido por mercadores portugueses e, ao que tudo indica, penetrou a colônia a partir da Capitania de São Vicente.

O Magreb era, na Antiguidade, a "cesta do pão de Roma". O trigo de grão duro, típico da região, disseminou-se especialmente por obra dos judeus expulsos da Península Ibérica pelos reis católicos em 1492. Chegou até a Sicília, tornando-se base das massas secas, por oposição ao trigo macio, nativo da Europa. Françoise Sabban escreveu uma magnífica história desse percurso[3].

A sêmola de trigo de grão duro foi o carboidrato por excelência da culinária turco-otomana, cujo pão era o warka, uma panqueca de semolina. As especiarias da Ásia foram incorporadas à dieta básica por influência árabe, no tempo da dinastia Muslim.

O cuscuz não é um "prato típico" do Marrocos, mas a essência de vários pratos, espalhado por todo o Magreb, tendo por base a vertente culinária judaica.

A leitura chauvinista do cuscuz faz que cada um dos três países do Magreb o reivindique como "prato nacional", quando, só na Argélia, registram-se mais de 3 mil variações suas, sendo que cada família se diz detentora do "melhor cuscuz". O comum é a umidificação da sêmola e sua cocção ao vapor. O resto varia amplamente.

O cuscuz marroquino ou argelino foi estilizado por restaurantes parisienses voltados para o público de imigrantes (legumes, carneiro, harisa...). De lá, foi trazido para o Brasil quando da segunda "abertura dos portos às nações amigas", promovida pelo governo Collor. Assim como chegou o arroz arbóreo, chegou a sêmola de grano duro.

Esse cuscuz neoadventício se contrapôs de maneira vigorosa àquele já adaptado desde os tempos coloniais.

Gastronomicamente, não sei qual o melhor carboidrato: se a farinha de milho, com suas "notas doces e amargas" ou a sêmola de grão duro. O fato é que o cuscuz marroquino que se faz por aqui

---

3. Françoise Sabban & Silvano Serventi, *Pasta: the history of a universal food*. Nova York: Columbia University Press, 2002.

tem o sentido, ainda que inconsciente, de uma "volta à África" de natureza mitológica. Um caso raro de regressão, comandada pelos cozinheiros incapazes de confrontar as soluções distintas representadas pelo milho e pelo grão duro.

Esse confronto é especialmente difícil em São Paulo, onde o velho cuscuz deixou de ser acompanhamento, derrotado pelo arroz, e, ao passar para a panela, perdeu a qualidade da cocção ao vapor. Ao dar esse salto, mudou também seu lugar na refeição. Tornou-se "entrada", não mais "prato de resistência". Assim, a sêmola de grão duro e a farinha de milho ficaram culinariamente muito distantes.

Na Europa, o "exótico" é o mundo todo, inclusive o Magreb. Nós, ex-colônias, trazemos o "exótico" em nós mesmos. Não é esse o discurso miscigenista? Pela singularidade desse processo todo, o cuscuz talvez mereça mais atenção dos estudiosos da culinária e gastronomia brasileiras.

DO CALDO AO *FOND*, DO *FOND* AO CALDO

Historicamente, os fonds da culinária francesa derivaram dos vários tipos de pot-au-feu. São a essência deles, filtrados e apurados.

Sistematizados por Carême, expressavam o âmago das coisas de comer, a alma capturada em meio líquido. Passando ainda por Escoffier, essa linha de desenvolvimento chega a Fernand Point, que dizia na forma de trocadilho: "Eu acredito, do fundo do coração, que se vai ao fundo [*fond*, que sempre usava no singular] dos molhos como ao fundo dos poços: é lá que está a verdade".

Pedaços de um animal, legumes e ervas – eis a base, o princípio de tudo na Alta Cozinha. Depois vieram os coulis, da nouvelle cuisine, deixando as coisas falarem por si, sem necessidade de extrair-lhes a alma e concentrá-la pela longa cocção. E os fonds, voltaram à simplicidade, por inspiração de chineses e japoneses: caldos rápidos, aromáticos, sem concentração e "achatamento" do gosto. A alma, o gosto, flanando na água. Em termos ocidentais, se aproximaram, conceitualmente, do brodo italiano.

Na culinária do Pará, que é uma cozinha de águas (as coisas saem do rio para mergulhar nos caldos das panelas), os fonds aparecem de forma bastante simples, sem necessidade de reduções e longas cocções.

As *arêtes* de peixes, como os belos espinhaços de pescada amarela, alguns legumes, aromatizantes, e estamos conversados. A qualidade do caldo é um fim em si, não a base para desdobramentos em molhos elaborados de modo complexo.

Entre nós, no Sudeste, não se vendem coisas assim, como no Ver-o-peso. Se você quiser fazer um simples caldo, precisará ir atrás do peixeiro, pedir o favor de lhe arrumar o descarte dos peixes que ele, fuçando no lixo, lhe dará de bom grado. Falta-nos a ciência dos caldos simples e saborosos.

O FEIJÃO, ANTÍDOTO DO ZÉ-NINGUÉM

Os brasileiros podem ser definidos como "comedores de feijão", como há povos que se definem como "comedores de formigas".

A nossa identidade culinária está no arroz com feijão. Tirante a neutralidade do arroz, fica o feijão. Mas identidade é coisa que não precisamos discutir entre nós, já que a partilhamos silenciosamente. Discute-se com os outros, que não sabem quem somos.

O feijão é uma bússola social para nós. Achamos que somos brasileiros quando comemos feijoada de feijão-preto (há a variante pernambucana, de feijão roxinho e legumes). Brasileiros exilados, patriotas, imploravam por latas de feijoada.

O preto traz a memória da escravidão negra, mesmo que a feijoada não tenha sido a comida de escravos (esse mito foi forjado pelos modernistas dos anos 1920). A "feijoada completa", da qual Câmara Cascudo não encontrou indícios antes do final do século XIX, parece que se difundiu no Rio de Janeiro, a partir das pensões familiares. Os cariocas comem feijão preto, assim como os gaúchos. Nos demais estados, nem tanto. Em São Paulo, só em feijoada. Para sermos nacionais assumimos o feijão da antiga capital do país.

Pelo Brasil afora, comemos centenas de variedades de feijão, e reunimos sob essa mesma palavra quatro espécies de vegetais comestíveis: a espécie *Phaseolus vulgaris*, ou feijão-comum, cultivado em todo o território; os "feijões-de-corda" da espécie *Vigna unguiculata*; o "feijão-guandu" ou "andu", da espécie *Cajanus cajan*, principalmente em sua variedade arbórea; além da espécie chamada "fava" (*Vicia faba*). Há várias espécies forrageiras animais e outras utilizadas como adubo para cafezais – muitas nocivas à saúde humana – de tal sorte que as coisas reunidas sob esta classe são as mais diversas, seja de um ponto de vista estritamente botânico, seja da utilidade.

Comemos domesticamente, em média, 12,8 quilos de feijão seco por ano. Os mais pobres comem 14,9 quilos; os mais ricos, 11,3 quilos. O feijão-rajado é o mais consumido, com média de 5 quilos. Em segundo lugar vem o fradinho, com média de um quilo e meio. Dele se faz o acarajé.

As centenas de variedades estão espalhadas por todo o país. Em cada região temos os mais típicos. No Rio Grande do Sul, são encontrados nos mercados e feiras o mouro, o cavalo, o amendoim, além do fradinho. Em Belém, no Ver-o-peso, além do rajado e do fradinho, há o "manteiguinha de Santarém" e o "vermelhinho da colônia".

Não há mercadinho ou supermercado no país que não tenha, no mínimo, entre quatro e cinco variedades de maior uso regional. Na medida em que avança a urbanização e a "supermercadização" do comércio de alimentos, as variedades vão se tornando mais uniformes – e o slow food sai por aí catando feijões em via de desaparecimento. Em São Paulo, em 1929, levantamento da Secretaria da Agricultura contava 67 variedades. Hoje, a Embrapa desenvolve novas raças, pensando em seu teor nutritivo.

As variedades são estimadas regional e não nacionalmente, com exceção do feijão-preto. Pelo tipo de feijão consumido, podemos saber o lugar onde estamos.

O que mais conta é como preparamos o feijão. As receitas derivadas de feijão, com alguma representatividade, são pouquíssimas: o tutu, o virado, o baião de dois, o acarajé, a dobradinha, o feijão em caldo. O Dona Benta de 40 anos atrás dava meia dúzia de receitas, todas estrangeiras.

Não precisamos que nos digam como fazer o feijão. Todo mundo sabe. É até ofensivo sugerir que se coloque louro quando gostamos de couro de porco e vice-versa. O feijão "gordo" ou "magro", com caldo grosso ou fino; coentro, salsinha, cebolinha, cominho, alho, depende de cada um. Ele, é claro, aceita tudo: como a conjugação do verbo ser, ele sempre é.

Mas todo feijão é bom? Claro que não. O meu tempero é melhor que o seu e assim por diante. Cada família tem o seu hábito de temperar feijão e este será o melhor do mundo – assim como o gefilte fish judaico: cada mãe faz o melhor, e o conjunto é igual à infinita variedade de mães.

O caseiro de um sítio que eu frequentava me apresentou, num fim de semana, sua nova companheira. Na semana seguinte, a mulher já não estava lá. Perguntei o que havia ocorrido e ele me explicou: "Ah, o senhor não faz ideia de como era ruim o tempero do feijão dela! Não tinha condição!". Ouvi várias críticas ao Dalva e Dito: a maioria se dirigia a essa coisa multifacetada que é o "tempero do feijão".

Por que nunca transacionamos com o tempero do feijão? Porque é ele que dá a identidade da cozinha doméstica à qual estamos filiados; mudou o tempero, esfacelou-se nossa identidade familiar e gustativa.

Assim é o feijão, a bússola social. Nos dá a coordenada do país (feijoada), da região (as variedades locais) e da casa a que pertencemos (o tempero). Sem ele somos meros cidadãos do mundo, ou seja, o zé-ninguém gastronômico; carregamos o desgosto na boca.

OS ANOS DOURADOS DO DOURADO DE RIO

Adolescente, um dos grandes prazeres das minhas férias era pescar nas águas do rio Tietê, em Ibitinga, interior paulista. Entretido com amigos, entre piabas, lambaris, cascudos e bagres, nosso sonho era mesmo um dia, quem sabe, conseguir tirar da água um belo exemplar de dourado (*Salminus brasiliensis*).

O bicho atingia até um metro e lutava como ninguém, segundo relato dos pescadores "profissionais". E era mesmo uma maravilha vê-lo saltar fora d'água no final da tarde – especialmente quando um raio de sol refletia em suas escamas amareladas, iluminando ainda mais o nosso desejo.

Adulto, já proprietário de restaurante, me interessava pelo seu sabor propriamente dito. Uma carne branca e delicada, apesar da profusão de espinhos. Até que um dia, inspirado pela constatação de que pertencia à mesma família do salmão, resolvi fazer um gravlax de dourado. Depois de pacientemente retirar os espinhos com uma pinça, consegui prepará-lo convenientemente. E ficou uma maravilha!

Com as comportas nos rios de corredeiras o dourado rareou. Mesmo assim, às vezes é encontrável no Mercado Central de São Paulo.

Não entendo por que os peixes de rio são tão desprezados na nossa culinária. A fartura é imensa. Comprei um livro da Embrapa sobre peixes do Pantanal. São 269 espécies. Certamente muitas de excelente qualidade gastronômica. Como o lambari.

É muito desanimador constatar que o lambari não é comercializado por falta de licença do SIF. Mais uma vítima da burocracia estatal, como o queijo, o mel etc.

Países europeus e americanos souberam manter em sua culinária nacional a experiência dos povos indígenas e dos colonizadores com os peixes de rio. Pensemos na truta, no salmão. Nós, ao contrário, nos entregamos aos peixes estrangeiros de rio: a mesma truta, o mesmo salmão, cultivados como frangos-d'água. Comemos mal para sermos como os povos cujo estilo de vida invejamos.

É hora dos chefs que começam a se preocupar com ingredientes brasileiros se voltarem para os rios e para a culinária de beira-rio, uma vertente que foi tão importante no país até meados do século passado. Basta folhear uma revista como a extinta *Caça & Pesca* dos anos 1960 para constatar a profusão de receitas de beira-rio. Inclusive, um tio meu, Raphael Dória, escrevia nela. Era cozinheiro amador de grupos de pescadores que acampavam no Pantanal ou às margens do rio Paraná. Acompanhava tudo o que ele escrevia, achando as receitas bastante incomuns.

Retomar os peixes de rio e seu receituário é, sem dúvida, um caminho de renovação da culinária brasileira.

O MOMENTO PIAUÍ

Geografia do imaginário nacional mostra que o Brasil briga com o passado em nome de uma modernidade

Ê, bumba-yê-yê-boi
Ano que vem, mês que foi
Ê, bumba-yê-yê-yê
É a mesma dança, meu boi
("Geleia Geral", Torquato Neto)

Estranha forma de vida a do Piauí. Um estado sempre esquecido da nação, apesar de ser o terceiro maior do Nordeste em tamanho (só perde para Bahia e Maranhão) e possuir uma população de aproximadamente três milhões de pessoas, tendo seu território dividido entre o semiárido e a pré-Amazônia. De repente, sem que haja feito nada em especial, o estado se envolve num bate-boca momentoso da política nacional.

Foi o presidente da Phillips, Paulo Zottolo, quem começou. Sem mais nem menos, disse: "Não se pode pensar que o país é um Piauí, no sentido de que tanto faz quanto tanto fez. Se o Piauí deixar de existir, ninguém vai ficar chateado"[4].

A frase infeliz só pode se explicar pelo fato de sua empresa, a Phillips, vender poucos *gadgets* por lá. Afinal, para ele, só deve existir o mundo dos shopping centers e das lojas de varejo de eletrodomésticos. Mas foi igualmente surpreendente a reação do governador do estado, Wellington Dias. Chamou atenção para a beleza natural, para o potencial turístico e para o fato de que o estado é um grande produtor de mel. O senador Mão Santa, por sua vez, lembrou que Teresina é a "primeira cidade planejada do Brasil".

Cláudio Lembo, querendo tirar a sua casquinha paulista, disse que "só fala mal do Piauí quem não conhece a história do Brasil": o homem americano nasceu no Piauí e bandeirantes paulistas colonizaram o estado. Desculpando-se pela ignorância, o homem da Phillips remendou: "O Piauí hoje é um estado pouco conhecido no Brasil. As pessoas não sabem o que tem no Piauí".

É difícil saber em que o "homem americano" de milhares de anos atrás influencia o Piauí do presente, ou por que uma "cidade planejada" é superior às mal traçadas ruas das caóticas cidades coloniais; mas certamente é fácil reconhecer que vivemos o "momento Piauí" – saibamos ou não o que tem dentro dele.

O pé de galinha

Quando a senhora destampa a panela de barro à mesa, exibindo com orgulho a galinha de capoeira ("caipira") ao molho, o aroma invade o ambiente. Em meio ao caldo amarelado e os pedaços de carne, destaca-se, como um monumento, o pé e os três dedos tesos do animal – último testemunho de que andou a ciscar por aquele sertão.

---

4. Declaração ao jornal *Valor Econômico* em 2007.

Imagino o desmaio de uma mocinha qualquer, acostumada a se alimentar nos shoppings de São Paulo, almejados pela Phillips, ao ver o conteúdo dessa panela. Felizmente não há ninguém assim à mesa, naquela distante Picos, cidade da Chapada do Araripe, Piauí.

Gente afável e dinâmica, sem a malemolência que se atribui ao nordestino litorâneo, e dona de uma culinária surpreendentemente delicada, com sua profusão de refogados e ensopados: frango, carneiro, cabrito, galinha-d'angola ("capote", dizem), pirões – tudo com o uso moderado da pimenta que vemos em profusão no litoral.

O mais é arroz, cuscuz de milho, mandioca. São as miúças, e não o boi, que avultam na panela. Coisa de gente pobre, de vida simples, e se vê que por ali andou um antigo Portugal a deitar raízes, longe do padrão colonial que a máquina mercante do açúcar impôs.

A "civilização do couro"

Diferente da civilização do açúcar, o Piauí, como todo o sertão pecuário, não teve historiador que lhe contasse a história como história "nacional". Antes de Euclides da Cunha, a percepção moderna do sertão inexistia. Ficou à margem de tudo. Sempre igual, "o ano que vem e o mês que foi" da imagem poética do célebre piauiense Torquato Neto. Mas um problema historiográfico é sempre um problema político, como se vê agora.

Somente o historiador Capistrano de Abreu foi sensível a essa questão. Observando a historiografia nacional, centrada nos feitos "heróicos" de uma elite branca aboletada no litoral, sentiu a falta "do povo" e se propôs a traçá-la, especialmente escrevendo uma "história do sertão" – projeto que, infelizmente, nunca levou ao fim.

Essa "história" teria umas 400 páginas e nos relataria os séculos XVI e XVII, a partir da conquista e do povoamento da região entre o São Francisco e o Parnaíba. Limitou-se a escrever os *Os caminhos antigos e o povoamento do Brasil*, publicado a partir de 1899, explorando a tese do Frei Vicente do Salvador de que "é preciso penetrar o Oeste, deixar de ser caranguejo, apenas arranhando praias, a oposição do bandeirismo ao transoceanismo".

Capistrano descreveu pela primeira vez, com base em documentos coloniais, como se conquistou o sertão, a partir de São Paulo e da Bahia, que foi ocupado para produzir gado para os engenhos, por obra da famosa "casa da Torre" (localizada onde hoje é a "praia do Forte", no litoral norte de Salvador), da família Garcia d'Ávila, fundando-se o que ele chamou de "civilização do couro".

O Piauí era um grande "fundo de pastos" onde se criava solto o boi, quase sem dono, como um estoque regulador de toda a pecuária do Nordeste ("O meu boi morreu/ o que será de mim?/ Manda buscar outro maninho, lá no Piauí...").

Escreve Capistrano de Abreu: "De couro era a porta das cabanas, o rude leito aplicado ao chão duro, e mais tarde a cama para os partos; de couro todas as cordas, a borracha para carregar água; o mocó ou alforge para levar comida, a mala para guardar roupa, mochila para milhar cavalo, a peia para prendê-lo em viagem, as bainhas de faca, as bruacas e surrões, a roupa de entrar no mato, os banguês para curtume ou para apurar sal; para os açudes, o material de aterro era levado em couros puxados por juntas de bois que calcavam a terra com seu peso; em couro pisava-se tabaco para o nariz".

A pecuária deixa poucos traços civilizatórios. Mas foi suficientemente forte para atrair, para o interior da província, em meados do século XIX (1852), a capital do Piauí. Restou o litoral que, hoje, é uma extensão do turismo praieiro mais típico do Ceará e Maranhão.

O litoral do Piauí é um enclave nessa indústria turística dos estados vizinhos. Isso, cruelmente, dá razão aos seus detratores que se arvoram juízes do espaço nacional: afinal, há praias mais próximas do mercado do Sudeste, e o país todo é "abençoado por Deus e bonito por natureza".

O "DILEMA PIAUÍ"

Ora, a "civilização" interior a que pertence o Piauí é o que de mais original o Brasil produziu, além da sociedade indianizada do Pará, onde, até avançado o século XIX, falou-se a "língua geral" tupinizada que os jesuítas sistematizaram e ensinaram.

Mas não é fácil valorizar a história local quando não se está convicto de que expressa a modernidade. Ou, em outras palavras, como se pode entrar na modernidade sem tirar o pé do passado? O sucesso do couro sertanejo é o plástico, não as bolsas Hermès.

É inegável que o título da nova revista *Piauí* também expressa a consciência desse deslocamento. A declaração do presidente da Phillips explicitou como "Piauí" vem se tornando uma palavra-chave já há algum tempo, ao menos desde o lançamento da revista carioca. Há, no título da publicação, uma antinomia, talvez involuntária, intuitiva, como um ponto de fuga da pintura nacional para os bem-pensantes. Ponto de fuga no sentido de um lugar ideal, para onde convergem as linhas imaginárias da cena, pois para eles o Piauí real simplesmente não existe.

Almas penadas do sertão

Viajando pelo sertão, vê-se a encruzilhada dos "Piauís" reais. Extensas e monótonas retas do traçado das estradas sertanejas, no sertão da Chapada do Araripe, em direção a Picos, só são perturbadas por pequenas manadas de jegues que, despreocupados, atravessam o asfalto. São animais sem dono, abandonados depois que se tornaram inúteis pela adoção das motocicletas como principal meio de transporte sertanejo. Tange-se o boi de motocicleta, e o jegue vale tanto quanto um cão abandonado.

São grupos de 10, 20, até 40 animais a vagar sem dono. De noite, deitam-se sobre o asfalto para absorver o calor, provocando acidentes horríveis. Vez por outra, os prefeitos recolhem todos os jegues em caminhões, libertando-os 100 ou 200 km adiante. Os jegues são as novas almas penadas do sertão. Expressam o sem-lugar da civilização do couro na modernidade.

Aqui e ali esse sertão vai sendo penetrado por ela. Nos restaurantes de Juazeiro do Norte (CE), vizinho ao Piauí e distante do litoral, os pratos típicos já escorregaram para o pé do cardápio, abrindo espaço para os camarões, a lagosta à Thermidor, o bife "ala parmejana" (*sic*), mostrando que o turista traz consigo, na bagagem, o germe da desnaturação.

A viagem anônima do Piauí

O Piauí é um grande produtor de mel no Brasil. O Sebrae construiu uma fábrica de beneficiamento de mel produzido de modo artesanal, por dezenas de cooperativas de apicultores.

A diversidade da flora apícola é surpreendente. O mel derivado de algumas plantas do sertão é de delicadeza e aroma sem igual. Os alemães, que já se deram conta disso, importam esse mel das várias floradas, misturando-os na Alemanha com outros e fazendo um *blend* apreciado no mercado europeu. O Piauí viaja dentro do mundo. Anônimo.

O Brasil, ao contrário, não conhece esse mel. Ele é vendido genericamente, como *commodity*, concorrendo em desvantagem com o preço do mel que vem da Argentina e da China, os maiores produtores mundiais.

No Piauí também se produz caprinos e ovinos a partir de raças locais, distintas das demais e que ninguém fora de lá conhece em sua especificidade. Há sinais de que cordeiros uruguaios já chegam fatiados e embalados pelo sertão. Afinal, como ser "autêntico" numa linguagem moderna, gerada no terreno do marketing, que supõe grandes interesses articulados de forma transnacional?

Mas o Piauí não é tão distante para o movimento expansionista do capital; afinal, Teresina vive um *boom* imobiliário, e já é possível encontrar apartamentos de mais de US$ 540 mil, evidenciando o movimento de concentração de renda que antes não havia por lá. Também a indústria da saúde já se instalou de modo espetacular na cidade, ocupando mais de dez quarteirões numa concentração dificilmente vista em outra parte do país.

Ciclovias modernas acompanham as principais avenidas da cidade. Na antiga casa do barão de Gurgeia – sobre quem poucos ouviram falar –, hoje Casa de Cultura de Teresina, espectros do passado monumentalizam o pátio. Entre estátuas de governadores, burocratas de várias épocas, juristas, um Torquato Neto enfatiotado como se saísse de uma audiência no paço. É a geleia geral brasileira.

Capistrano de Abreu não só ficou nos devendo a obra sobre o sertão, a inserção do povo pobre na história, como anteviu na historiografia oficial das grandes cenas da corte o destino miúdo que necessariamente ficaria para trás. A civilização do couro não deita "civilização". O carrossel dos shopping centers não mostra as faces do país.

Pendurado no ar – é esse modo avesso de ser moderno que faz do Piauí um ponto de fuga da pintura nacional, a expressão de uma modernidade atolada num passado que ninguém se decidiu a cavalgar com determinação. Mais do que um sem-lugar no mapa ou uma paisagem "a descobrir", trata-se de um vazio na consciência política e na matriz cultural da nação.

"Piauí" é a última palavra que embaralha o imaginário nacional. É a fronteira de nós mesmos. Um pé de frango, com estranhamento, nos olha de dentro da panela à qual deu sabor.

A CRISE DE (RE)CONHECIMENTO DA GASTRONOMIA PAULISTA

Depois do *boom* das técnicas, não tem jeito: precisamos, de novo, olhar para nossos umbigos, tomar fôlego e seguir a caminhada. O que podíamos assimilar da revolução da gastronomia molecular das últimas décadas já o fizemos. A Thermomix está prestes a ombrear com o liquidificador nas cozinhas domésticas.

É questão de tempo, de barateamento dos equipamentos. E o que faremos com tudo isso?

A tecnologia está batendo às portas de nossas casas, e é uma questão de aprender a utilizar as máquinas para que elas não se tornem outros tantos fornos de micro-ondas a decorar as "cozinhas gourmets". Mas gastronomia é como jazz e não se resume aos instrumentos; alimenta-se de temas simples, populares, para desenvolver suas improvisações. E nós, paulistas, onde iremos buscá-los?

Os que cultivam a gastronomia brasileira têm viajado país afora, mas não aprenderam ainda a olhar o umbigo mais próximo. Como repete sempre Mara Salles, vivemos de modismos. "Agora é a hora e vez da Amazônia. Ninguém mais fala de Minas Gerais ou da Bahia". Ela, que andou por aí com formiguinhas na bolsa e brindou com chibé, nos dá o exemplo louvável, corajoso, da autocrítica necessária.

É certo também que existe uma divisão de trabalho: Thiago Castanho de Belém; Rodrigo Oliveira e Dona Ana Rita Suassuna, dos sertões etc. Mas o que dizer da culinária paulista, cuja moda está atrasada ou já passou? O esquecimento parece estrutural.

A hegemonia da cidade de São Paulo sobre o conjunto do estado é incontestável. Hegemonia dos negócios, hegemonia do modo de vida e do modo de comer. O interior simplesmente não existe em termos gastronômicos; olha para a capital como os paulistanos olham para a França, Itália, Espanha e o Japão. O cosmopolitismo é a marca de São Paulo, capital. Por extensão, de todo o estado.

Escondemos o caipira, o caiçara, sob o tapete. Nunca nos orgulhamos disso. Há um século apenas, comíamos formiga-içá torrada. Mas comíamos escondido, lembra Monteiro Lobato. A culinária caipira era uma culinária da pobreza, concluiu Antonio Candido ao estudá-la em Bofete, interior de São Paulo. Arroz, feijão, mandioca, franguinho de vez em quando, porquinho no curral. Tudo isso era visto em termos de quantidade ingerida, de contribuição nutricional, não gastronômica. Agora sequer lembramos disso. E os neoformiguistas vão buscar suas formigas na Amazônia. Hábitos culinários "bárbaros" entre nós? Nunca!

No não tão distante 1911, a Força Pública do estado foi ajudar os fazendeiros a massacrarem os índios kaingang em Bauru. O que resta deles em nossa cultura regional? Absolutamente nada. Por isso, precisamos do socorro culinário dos índios da Amazônia. Nossos pesquisadores culinários são tão ignorantes da nossa história quanto seus clientes em restaurantes, por isso não sabemos improvisar o nosso jazz a partir de modinhas de viola.

Temos pelo menos 1.380 pequenos produtores de queijos artesanais em São Paulo. Não sabemos quem são nem onde ficam. E não sabemos, portanto, se fazem coisa que presta. Sabemos mais de Minas Gerais do que de São Paulo, em matéria de queijo. A mesma coisa em relação aos alambiques artesanais de cachaça. São 112 no estado, e quando Jefferson Rueda apresenta a Cachaça da Lage, de São José do Rio Pardo, todo mundo se surpreende com a alta qualidade. Por que não se vai procurar os outros 111 produtores? Simplesmente porque Salinas (MG) é mais perto para os apreciadores. Mais fácil, mais organizada.

Não se descobre o que está por ser redescoberto porque São Paulo aprecia ser Itália. Muita gente fica surpresa com o porco à paraguaia que Jefferson e sua mulher, a Janaina, apresentam. O silenciamento do nosso passado de feição popular é um projeto político-gastronômico perverso, enraizado em nossas mentes.

Mas quem sabe que a gastronomia é o jazz de comer, precisará se mexer, mergulhar nessa trama histórica silenciosa, redescobrir São Paulo a par da redescoberta do Brasil. Ferran Adrià nunca teria sido o que é se não houvesse mergulhado na "mediterraneidade" da cozinha espanhola, redescobrindo sabores, técnicas, pratos, que haviam sido silenciados pelo franquismo na sua caricatura culinária da Espanha como o país da paella. Precisamos de vários Rodrigos Oliveiras da culinária paulista.

A pesquisa histórica, a pesquisa de campo, são as únicas saídas. Quando conversamos com donas de casa "das antigas", lemos *Culinária tradicional do Vale do Paraíba*[5], ou degustamos o que fazem cozinheiros isolados, como Eudes Assis ou Ana Luiza Trajano (no seu "cardápio paulista"), facilmente reconhecemos que há veredas nesse matagal. É arregaçar as mangas, queimar pestana, para se chegar a algum lugar. Mas é preciso ir em direção a Porto Feliz; não a Porto Seguro, na Bahia.

UM CONTO DE NATAL

O Natal é um conto comestível. Inevitável passar por ele. "Sei não, mas, pelo jeito, não vai comer o peru de Natal...", assim se diz, indicando que o sujeito parece estar no bico do corvo. Só a morte liberta do Natal, marco temporal e gastronômico: ela e o peru.

Pessoalmente dispenso o peru, ou melhor, a cornucópia da qual ele faz parte em parceria com o presunto tender. Tudo o mais, à mesa, se organiza em torno desse núcleo.

Tender is the night, em meio às cascatas de fios de ovos, compotas de pêssego, abacaxi e figo verde; as ameixas secas sem caroço e a indefectível farofa enriquecida com nozes, passas Corinto e variantes. Não há outro momento no calendário culinário em que seja tão estreita a associação entre carnes e sabores doces.

Mas antes dos anos 1960 não havia esse hábito no Brasil. Preferíamos o leitão e as carnes mais firmes e rijas, em preparações clássicas; ou mesmo o peru, embriagado de cachaça para amaciar a carne, trôpego, encerrado no círculo de carvão traçado no chão do terreiro, de onde só saía degolado e depois do infindável desafio do "glu-glu-glu" com as crianças de plantão. As mães, tias e avós a ralhar do alpendre por irritarem o peru na circunspecção de seu derradeiro momento; o confronto entre a piedade

---

5. Maria Morgado Abreu & Paulo Camilher Florençano, Taubaté: Centro de Recursos Educacionais, 1987.

e uma autêntica *corrida de toros* infantil. Valia mais o espetáculo do que o peru em si – assado simplesmente, um frangão sem maior graça.

O peru industrial já vem temperado. Renunciar ao tempero doméstico é o mesmo que renunciar à família como átomo do gosto. Participa-se agora de um gosto geral, em que cada peru concreto é apenas uma fração do peru universal; cada família, um átomo da força de trabalho, e não é desprezível que ele tenha se tornado um presente das empresas para os seus funcionários às vésperas do Natal. Cada um leva para casa uma fração do peru patronal: uniforme e justo, equânime no sabor.

Já o hábito do tender é estratagema criado pelos grandes frigoríficos que se instalaram no país no pós-guerra (aquela guerra mais antiga, quando não se duvidava que os americanos fossem "do bem"). O espírito prático o associou à essência do antigo leitão que tinha a inconveniência dos ossos e a dificuldade de se encontrar, na grande cidade, um forno para assá-lo inteiro. Leitões se derramavam dos fornos de padarias.

A preparação do tender, nos anos 1960, era curiosa. Ele vinha embalado como presunto, sequer lembrando o rito sacrificial a que o peru e o leitão eram submetidos. O tender era cozido numa coisa chamada "cidra", doce e bem diferente da cidra que se toma no norte da França. Depois, a pele do porco era quadriculada, caramelada e a peça levada ao forno. Um cravo em cada quadradinho, antes de servi-lo frio. E aquelas compotas todas.

O tender era a "nova tradição" do Natal, ao qual faltava a velha tradição que o peru esbanjava. Este apareceu pela primeira vez nas mesas europeias nas bodas de Carlos IV, em 1570, e se tornou comum a partir de 1630, substituindo, na Inglaterra, o ganso de Natal. Nos Estados Unidos, foi popular desde a chegada dos primeiros colonizadores, especialmente no *Thanksgiving Day*, servido com torradas de pão de milho, castanhas, laranjas e molho de amoras.

Nos livros clássicos de culinária europeia do século XX ele aparece em poucas receitas, em geral recheado com miga, castanhas e linguiças. A associação com a castanha, o fruto por excelência da estação europeia, lê-se no *Ma cuisine* (1934) de Escoffier; ou no *Cucchiaio d'argento*, de 1950. Escoffier acrescenta que os acompanhamentos do peru são os mesmos da carne de boi. Por isso é quase um mistério como ele se converteu no que é entre nós, especialmente pelos acompanhamentos. Em *Dona Benta*, edição de 1950, ainda não se associava o peru ao contorno doce.

A dupla peru-presunto tender compôs "a" celebração de Natal quando o salgado se converteu em doce, o simples em complexo, a discrição e o comedimento em exageração. O tender e o peru afastaram o leitão do centro da mesa de Natal de um modo que rompeu as ligações míticas com a sociedade rural.

A carnavalização do peru-tender surgiu graças à influência norte-americana, difundindo-se junto com a admiração pelo modo de vida norte-americano. O triunfo dos aliados na guerra e a promessa de bonança eram coisas próximas, quase sinônimos. O peru-tender, esse Plano Marshall culinário.

Mas os fios de ovos não vieram dos Estados Unidos. Entraram na composição para aterrissar a doçura no familiar, tradicional. Nos anos 1960, eles também estavam estranhamente presentes como *décor* do melão com presunto, que era moda.

O pós-guerra criou a forma de celebração natalina que se popularizou como esse momento extraordinário quando o doce submete os salgados implacavelmente; quando se come muito além do necessário e razoável. Mas, como em todo carnaval, o exagero transgressor reforça a necessidade da ordem. Ao excesso do Natal segue-se a dieta de privação. Por opção, entre os ricos; por falta de opção, entre os pobres.

9 UMA CONVERSA COM FERRAN ADRIÁ

É uma manhã chuvosa de maio. Estamos no famoso *taller* de Ferran Adrià para uma visita. A secretária já havia nos advertido, por telefone, de que ele estaria lá, nos cumprimentaria, mas não daria entrevista em hipótese alguma. O inquieto catalão é o melhor chefe de cozinha do mundo.

Ferran Adrià, no entanto, não se limita a fazer boa comida. Ele revoluciona a gastronomia desde o dia em que assistiu a uma conferência do físico-químico Hervé This, sobre a cooperação entre as ciências e os cozinheiros. Hervé fundou a disciplina "gastronomia molecular", que ensina em instituições francesas; Adrià, o restaurante El Bulli, a meca dos gourmets.

De comum, restou apenas a consciência de que no centro da inovação gastronômica atual está o laboratório. Adrià mantém uma oficina (*taller*) de pesquisa onde trabalha metade do ano, elaborando novos conceitos e técnicas. Às descobertas frias e calculistas do *taller* os cozinheiros de El Bulli aliam sensibilidade e criatividade, e o resultado é o melhor restaurante do mundo. Sua filosofia é sempre surpreender quem come, dissociando o prazer dos ingredientes aristocráticos (foie gras, trufas, caviar) que prevaleceram até então na gastronomia. Assim se disseminaram as "espumas" (feitas de qualquer coisa, no sifão para creme chantili) e as "esferas" como caviar, construídas por coagulação a partir de polpa de frutas etc.

Adrià sabe que o marketing alimenta as vendas e financia a investigação que resulta em inovação. Liderando esse modelo de negócios, ele arrastou os restaurantes para o campo das empresas modernas, que têm como centro das estratégias de competitividade, além do marketing, o departamento de pesquisa e desenvolvimento, como o *taller*. Antes, os restaurantes pareciam parados no tempo. Em todo o século XX, as únicas inovações técnicas foram a eletrificação dos equipamentos e a invenção de uma nova geração de fornos (micro-ondas, convecção, vapor etc).

Na manhã em que tento conversar com Adrià, ele está ocupado. É a partir da cozinha de Adrià que a renovação gastronômica parece não ter fim; e a gastronomia virou isso que alguns julgam "arte" e outros não sabem dizer o que é. Ele mesmo está surpreso com tanto impacto.

Em meio às suas atividades no *taller*, Adrià nos acena com a mão e continua conversando. Passado um tempo, vem à imensa sala de pé-direito duplo nos saudar. Sou apresentado como "sociólogo". Fica surpreso, aparenta entusiasmo. Faz um gesto para que nos sentemos e diz: "Hoje o importante não são os cozinheiros, mas os sociólogos, os antropólogos". Para quê?, pergunto.

"Para explicar isso!" Mas... "isso o quê?" Ele faz um gesto abrangente com os braços, abarcando todo aquele espaço. "Isto tudo, e o que está acontecendo. Acabo, por exemplo, de ser convidado para participar da Documenta Kassel, em 2007". A entrevista, desavisadamente, havia começado, como se todos estivéssemos destinados àquela conversa de mais de uma hora...

Cadoria – [...] Mas, o que está acontecendo, na sua opinião?

Adrià – A gastronomia tem uma importância imensa hoje, exagerada. Acho que a humanidade já resolveu o problema da fome. O problema hoje é o inverso, pois se come demasiado, e a gastronomia é a tentativa de se descobrir, no meio de tudo isso, onde está efetivamente o prazer. É uma reflexão sobre o lúdico, não sobre o excesso. Essa é uma questão que só se coloca a partir da superação da fome. Está claro que a gastronomia não é possível nos países onde ainda há fome.

Cadoria – Porque essas coisas importantes se passam na Espanha de hoje? As espumas, por exemplo, se repetem, por imitação do seu trabalho, no mundo todo...

Adrià – A Espanha passou por uma grande mudança na sua cozinha. As espumas são a coisa menos importante e, por isso, fáceis de repetir em toda parte. Mas no meu trabalho a parte mais importante foi a "mediterranização" da cozinha espanhola, na primeira fase. Isso poucos compreenderam fora da Europa, mas entre os que compreenderam estão os franceses, os espanhóis e os italianos. Foi enraizar a nova cozinha nas culinárias mediterrâneas, trabalhar a partir delas. Na época, não pretendia influenciar, mas ajudar nessa direção da cozinha mediterrânea, e muitos falam dos anos 1987-1993 como de influência sobre muita gente. Fazíamos, por exemplo, sorvetes salgados, que muita gente faz hoje...

Cadoria – Se fala muito de uma nova fisiologia do gosto, da necessidade de se escrevê-la. No elogio fúnebre de Manuel Vázquez Montalbán que você publicou no *El País*, você afirmou que ele era a pessoa talhada para escrever a nova fisiologia do gosto. Pode explicar isso?

Adrià – Porque Montalbán era um homem cordial, de vasta cultura culinária, e muito pragmático. Para se escrever a nova fisiologia do gosto é preciso ser muito pragmático.

Cadoria – E qual você acha que é a sua contribuição para essa provável "nova fisiologia do gosto"?

Adrià – Veja, nós temos aqui no *taller* quatro áreas de investigação. Em primeiro lugar, a investigação dos melhores produtos e de produtos novos. Em segundo lugar, a busca de novas tecnologias. Em terceiro, as pesquisas temáticas. Por fim uma área "mais louca", de experimentação livre, de invenção. Agora, nesta época do ano, o Bulli está fechado e concentramos todas nossas energias aqui, nessas linhas de investigação. Quando a equipe vai ao Bulli criam-se os pratos, aqui é um trabalho mais frio, racional, de pesquisa. Ir ao Bulli é um momento de magia. Os cozinheiros sabem muito pouco de química, para isto estão aqui os químicos, que agregam valor à gastronomia e nos aproveitamos disso. Este é o nosso sistema criativo. A arte é mais a parte criativa, quando se faz o primeiro prato; é um trabalho de mais sensibilidade. Agora, não sei que resultado isso tudo vai deixar para a história da gastronomia. Quem pode saber? Fala-se muito do nosso trabalho, sem conhecimento de causa. Agora, estou deixando tudo documentado. Vê aqueles fichários? [aponta para uma estante repleta] São cerca de seis mil páginas onde todos os experimentos estão documentados, passo a passo. Estávamos fartos de que falassem das coisas sem conhecimento... Foi culpa minha, é verdade, porque não havia nada documentado. Minha capacidade de análise tem que ter um nível alto, mas na maioria das entrevistas que dou sinto que muitos perguntam coisas bobas, que não posso perder tempo contando porque já foram ditas e as pessoas já sabem. Por isso recolhemos e documentamos em livros tudo que acontece no Bulli. Mudamos a cada dia e agora está tudo documentado para quem quiser analisar... antropólogos, sociólogos, químicos, jornalistas.

A investigação é fundamental para a transformação do gosto. Na pesquisa dos melhores produtos, tome o tomate, por exemplo. O fator cultural, genético, é fundamental para o gosto. Para se saber tudo sobre tomates é necessária uma vida inteira de pesquisas.

Outra coisa importante é que estamos aliando a pesquisa com a educação e a nutrição. Veja aquela planta [mostra uma planta de arquitetura]. É a planta baixa dos prédios da Fundação Alicia, da qual sou presidente. A proposta da fundação é unir pesquisa, educação e alimentação, e a fundação estará funcionando já no ano que vem.

Além disso, estou fazendo um livro com um cardiologista, médico do ex-presidente Clinton, que sairá também em 2007. Os cozinheiros hoje em dia têm um compromisso com a sociedade. Creio que a Espanha é um país que pode ser líder nessa direção, embora seja muito difícil. Neste país há uma história importante, produtos importantes e alta cozinha; o que conta é saber converter tudo isso a favor da saúde e da alimentação. Este livro que faço com o médico tem um ponto de vista pragmático que consiste em tentar mudar a realidade. Por exemplo, os aditivos não são sempre maus. Hoje, 80% deles são naturais, mas há muito preconceito e mudar isso é muito difícil. É preciso ensinar às pessoas que os aditivos não são sempre algo negativo. Queremos conseguir passar para as escolas o fato de que se alimentar saudavelmente é de suma importância, dar sentido ao ato de comer. Milhões de pessoas não podem pagar mais do que pagam no McDonald's. O que fazemos com o McDonald's? A única maneira de fazer que as pessoas se preocupem com a alimentação é através da educação. Legislação na saúde também é muito importante. Uma das prioridades das pessoas deveria ser a saúde. É um tema ainda pouco explorado. Por exemplo: as empresas de alimentação têm que ter um compromisso com o produto.

Cadoria – Nos diga como está encarando este convite da Documenta de Kassel.

Adrià – Veja, o que é a arte? Nós sempre encaramos a gastronomia como arte, como criação, como momento de sensibilidade. Sempre se falou isso, mas nunca houve um reconhecimento como este, como o que a Documenta proporciona. Assim, em 2007, estaremos lá. E irá se abrir o debate sobre a relação entre cozinha e arte. Acredito que esta é uma grande mudança na gastronomia, pois se reconhece um componente que não existia antes no universo do gosto – a investigação na cozinha e o conceito artístico no comer. Por isso é que se cria esse debate tão interessante em Kassel, onde a grande dúvida é o que é arte. É uma questão muito engraçada, divertida. A cada dia, mudam o nome do trabalho que eu faço. Porque realmente há muitas posições de como entender a cozinha e o mesmo acontece com a arte. O conhecimento está ao lado da arte. Uma coisa pode ser arte para você e não ser para outra pessoa. É um novo ponto de vista para se analisar a arte.

O tema "arte" é muito complicado, nem todos têm a mesma visão. E a Documenta é mais do que uma manifestação artística, porque, do meu ponto de vista, a arte de hoje em dia não sei muito bem o que é. A obra de arte é cara. Mas o que seria a arte? A primeira vez que você faz um lustre, uma porta, um quadro? Litografia é arte? Para mim, não é. E acho que hoje em dia arte se faz a partir daquele que a recebe. Mas sem dúvida é preciso mudar os conceitos. Hoje em dia, com nossa proximidade com a cultura, não é tão difícil se emocionar com a arte e, culturalmente, na Espanha, podemos dizer que todo mundo pode opinar sobre arte.

Cadoria – Então, para você, o critério artístico é o da subjetividade?

Adrià – Claro, arte tem muito a ver também com ruptura, com influências... Mas, para mim, é o critério subjetivo que prevalece, o se emocionar. Mas, veja, por que os melhores gourmets são do Brasil? Não sei dizer... Mas todos os que vêm ao meu restaurante têm um modo diferente de perceber o que fazemos aqui. Não sei explicar o porquê, é como jogar futebol, um dom. Outro dia havia um brasileiro chorando à mesa do El Bulli. A sensibilidade das pessoas não é a mesma, cada um tem a sua.

Cadoria – E o que você está pensando em apresentar na Documenta?

Adrià – O objetivo é demonstrar por que a cozinha pode ser arte. Se me virem trabalhar, e eu vou apresentar o meu trabalho, é como se trabalha no mundo da arte. Minha presença lá é a polêmica do ano, todos os artistas querem me cortar a garganta. Para mim, se não há criatividade no mais alto nível, não há arte. Agora, quem irá opinar sobre o meu trabalho? Um crítico de arte? Um analista da cozinha é muito difícil. Ele tem que trabalhar dois anos em uma cozinha para entender o que se passa...

Cadoria – O que pensa sobre o trabalho de sistematização de Hervé This?

Adrià – O tema "gastronomia molecular" é uma mentira! Nunca vendi minha cozinha como se fosse molecular e me atribuem esse rótulo, de uma forma indiscriminada, confundindo as pessoas. É a operação de marketing mais incrível da história da humanidade. Trabalhamos durante muito tempo, realizando um trabalho polêmico. Depois, saem livros e nos chamam assim. Em 2004, alguém batizou nossa cozinha de "cozinha molecular". Aonde nós chegamos! A cozinha é um todo; há uma parte muito importante de investigação, de atividade, de constância de trabalho, mas não podemos esquecer que o momento socioeconômico é fundamental para o atual estado da gastronomia espanhola.

Cadoria – Você já disse mais de uma vez que vê o futuro da gastronomia na China e no Brasil. Pode explicar essa sua opinião?

Adrià – Filosofia, técnicas e conceitos são os parâmetros que importam na cozinha. No Japão há uma filosofia que leva em conta saúde e alimentação. Da China não conhecemos quase nada. A maneira de se fazer massa, por exemplo, é completamente diferente da italiana. Em Escoffier não existe uma linha sobre a cozinha chinesa. A cozinha árabe já foi importante, deixou seu caminho, mas hoje em dia dificilmente vai inovar. Na China, importam duas coisas: cozinha e sexo. A cozinha tradicional chinesa é a mais importante e grandiosa do mundo. A alta cozinha, não, porque lá ela não existe. Por exemplo, a nouvelle cuisine não exerceu influência na China. As técnicas e conceitos são diferentes em cada lugar do mundo; então a China é um lugar de onde pode vir muita novidade.

Em relação ao Brasil, eu me refiro à Amazônia. Quando os seus produtos forem explorados, haverá um impacto tão grande quanto o do período das grandes navegações, da descoberta das Américas. Se houvesse um modelo socioeconômico que arrumasse as desigualdades, tudo seria muito mais fácil. A Espanha funciona hoje em dia, mas sofremos uma ditadura de quarenta anos que paralisou o país. Depois dela, o país quer recuperar o tempo perdido, e tornou-se atualmente um sistema socioeconômico razoável. O Brasil é um grande mercado a explorar. Há frutas e verduras silvestres, e é de grande importância que elas possam ser cultivadas. A sensação elétrica do jambu, por exemplo. Foram necessários cinco séculos para essa sensação ser descoberta e ingressar na gastronomia. Mas é preciso produção continuada. No meu restaurante, não é possível ter uma fruta num dia e não poder dar continuidade, pois eu trabalho por temporadas. Não há no Brasil empresas especializadas que se dediquem à investigação e comercialização das frutas da Amazônia. Por outro lado, há uma empresa na Galícia que pesquisa e comercializa algas, por exemplo. Creio que um novo caminho para o Brasil é a criatividade, que no país é muito original, e é através dela que vocês poderão estar à frente. É preciso mudar o *chip* em direção ao prazer. Há cinco anos não se conhecia na Europa nenhum cozinheiro brasileiro. Por outro lado, podemos nos perguntar: a Inglaterra pode ser um novo país de ponta na gastronomia? Creio que não. Contudo H. Blumenthal está seguro de que será uma pessoa importantíssima na história da Inglaterra...

Cadoria – Não só você, mas vários chefs modernos falam muito em filosofia na culinária. Quais filósofos você leu?

Adrià – Não leio livros de filosofia. Penso algum dia dar uma parada no que faço para ler, mas não leio. Meus filósofos são os jornalistas. A influência que tem a informação que eles passam e a maneira como são passadas.

Cadoria – Creio que há uma sensação muito típica, como um acolhimento, quando estamos diante de uma paella, da cozinha do mar, da cozinha de tradição. E como é, em seu restaurante, estar diante de um prato? É uma sensação de abismo, de faltar o chão?

Adrià – No meu restaurante ninguém sabe o que vai encontrar, não há referências. Se você nunca comeu tucupi, por exemplo, fica abismado, mas 80% da Espanha não iria gostar do tucupi. Mas não há diferença entre um tucupi, que é a cultura de um povo, e a cultura do meu restaurante. Porque a intenção do El Bulli é provocar novos registros, totalmente desconhecidos. Uma das melhores definições do El Bulli é, portanto, estar em um país que você não conhece. Se você perguntar às pessoas o que é jambu, ninguém conhece. Em filosofia de cozinha, não sabemos nada, só sabemos de produtos. Eu sou bom em identificar bons produtos porque tenho referências e sensibilidade. No El Bulli, então, o que participa é a sensibilidade. A cozinha é um tema muito mais complexo, onde participam todos os sentidos. Uma manga picada pequena não é o mesmo que um suco de manga. Podemos ficar dez anos fazendo estudos sobre a manga.

Cadoria – Desse ponto de vista, poderíamos dizer que a riqueza e a diversidade não são tão importantes, pois podemos nos concentrar, em termos minimalistas, numa manga...

Adrià – Exatamente. Em termos minimalistas. Mas entre o minimalismo e empirismo há uma distância grande.